Lunes

CON

mi viejo pastor

Lunes
CON
mi viejo pastor

JOSÉ LUIS NAVAJO

GRUPO NELSON
Una división de Thomas Nelson Publishers
Desde 1798

NASHVILLE   DALLAS   MÉXICO DF.   RÍO DE JANEIRO

Nota del autor: La mayoría de las historias que relata el «viejo pastor» son cre-
ación del autor de este libro; salvo aquellas cuya autoría queda referenciada u
otras que son anónimas o de dominio público.

Editora en Jefe: *Graciela Lelli*

Adaptación del diseño al español: *Blomerus.org*

ISBN: 978-1-60255-943-1

Impreso en Estados Unidos de América

24 25 26 27 28 LBC 105 104 103 102 101

DEDICADO

A Querit
Tu sonrisa enciende mil luces en mis tiempos
de ánimo abatido.

A Miriam
Nos demuestras, día a día, que la adolescencia también
contiene mágicos tesoros que los padres podemos disfrutar.
A veces, admirado de vuestra madurez, me pregunto: ¿Son
mis hijas o mis madres?

Y a ti, Gene
Tu amor, cercanía y lealtad inquebrantables trenzan el hilo
que sostiene en alto la cometa de mi esperanza.

CONTENIDO

AGRADECIMIENTOS

Nunca podría haber escrito esta historia sin las personas que la inspiraron:

Los miles de hombres y mujeres que cultivan con esmero la parcela de tierra donde Dios les puso.

Gracias por vuestra dedicación a la obra; por enterrar vuestros pies y manchar vuestras manos en el barro de esta sagrada labranza.

Agradezco de corazón al Grupo Nelson y su excelente personal por creer en este humilde trabajo y ayudar a su nacimiento. Deseo que esta criatura de papel y tinta aporte alegría y bendición a muchas vidas.

ANTES DE EMPEZAR...

Hace unas semanas celebré mi cumpleaños número cuarenta y seis.

Pese a que hubiera preferido no ver tantas velas sobre el pastel fue un bonito día. Hubo sorpresas, abrazos y raudales de cariño no fingido.

¿Qué más se puede pedir?

No faltó nada; ni la ilusión de deshacer un precioso empaque para descubrir que contenía ¡¡justo lo que necesitaba!! Ni la canción «¡Cumpleaños feliz!» que, aunque no acertó en tono ni en ritmo, fue capaz de emocionarme.

Por eso, al concluir el día, mientras recogía los papeles que envolvieron los regalos y guardábamos en la nevera el pastel que sobró y serviría de desayuno para los próximos días, no dejaba de preguntarme: ¿Por qué también hoy me siento así?

Dentro de mí, en un punto indefinido de mi ser interior, persistía ese extraño agotamiento difícil de describir y duro de soportar.

Me refiero a algo que trasciende a la fatiga. Tiene más de emociones que de músculos. Está más vinculado al alma que al cuerpo.

Soy pastor evangélico y desde hace algún tiempo me siento... ¿Cómo lo definiría? Busco el vocablo más adecuado para expresar mis sensaciones, pero no logro encontrarlo.

¿Defraudado?

No, para nada.

¿Desencantado?

Tampoco.

¿Cansado?

Sí. Eso debe ser... o algo parecido.

Entiéndeme, no hablo de que haya equivocado el camino.

Si volviera a nacer; si Dios me regalara otra vida, le rogaría poder hacer la misma inversión... exactamente la misma, que hice con los años que hasta aquí me ha concedido... No es presunción; es gratitud.

Muchos opinan que ser llamado por Dios para servirle es el más alto privilegio y la oportunidad más sublime.

También yo.

Dicen algunos que nunca, en toda su vida, enfrentaron el pensamiento de dejar el ministerio cristiano para dedicarse a otra cosa.

Me encantaría afirmar que pertenezco a esa elite... Desearía asegurarte que jamás me embargó el deseo de colgar los guantes, o tirar la toalla, o como quiera que llamemos al hecho de mirar el arado hincado en el surco y añorar tierras más blandas o campos más agradecidos... Desearía asegurártelo, pero no sería honesto si lo hiciera.

Hace treinta y cuatro años se me concedió la honra de enterrar mis pies en el barro de esta sagrada labranza, y al día de hoy solo dos pasiones me seducen más que la obra de Dios: el Dios de la obra y mi familia.

Pero haríamos un flaco favor a quienes se disponen a tomar el relevo si, al trazarles la hoja de ruta, enfatizamos solo los oasis y obviamos los desiertos.

Ser llamado por Dios es, fuera de toda duda, la vocación más alta a que se pueda aspirar. Pero servirle implica entrar en un combate, y conviene no olvidar que en una guerra no hay soldado sin heridas.

Es normal que en ocasiones llegue el abatimiento, y a mí me llegó.

Las páginas que te dispones a leer no fueron escritas de un tirón, sino que surgieron a lo largo de un proceso que me condujo por momentos muy distintos.

En ocasiones logré empapar la pluma en el corazón de Dios, pero en otras, la tinta fue sangre que brotó de mis heridas.

Algunas líneas fueron redactadas a la luz del arco iris y otras nacieron al fragor de incómodos pensamientos, entre los que logró abrirse paso el de: *Sería mejor dedicarme a otra cosa. No tengo vocación, todo fue una quimera, una falsa ilusión; esta vida no es para mí.*

Tal llegó a ser la presión, que uno de los días me sentí morir y terminé, irremediablemente, frente al doctor.

Intenté explicarle el galimatías que tenía en mi mente, con ramificaciones en mi alma y severas molestias en el cuerpo. No fue nada fácil pues al no saber yo mismo lo que me ocurría tuve que echar mano de la interpretación, gesticulando mucho con las manos y hasta bizqueando con los ojos. El buen doctor me escuchó con encomiable paciencia, manteniendo los codos sobre la mesa, los dedos entrecruzados y la cabeza apoyada en ambos pulgares.

Finalmente, me miró con una franca sonrisa que a ratos me relajaba y a ratos me incomodaba y desgranó su diagnóstico.

¿Cómo definió esto que a mí me pasa?

¿Efecto *burn out*? ¿El que mucho corre pronto para? ¿Disparar en veinte días la provisión de municiones para veinte años? ¿Forzar el caballo hasta extenuarlo?

¡Qué sé yo lo que me dijo!

Cosas tales como que agarrar más riendas de las convenientes y galopar a lomos de varios caballos es tarea complicada y hace fácil que estos se desboquen.

Que apretar demasiados asuntos en la jornada le confieren un peso insoportable.

Tan rotundo fue y tan persuasivo, que llegué a admitir que tal vez tuviera razón.

Así que, una vez hecho el diagnóstico, volvió a enfocarme con su inalterable sonrisa y me mandó a... ¡descansar!

—Le prescribo reposo forzado —dijo, con la misma tranquilidad con que podría recetar una aspirina.

Nunca he pasado, gracias a Dios, por lo que denominan «trabajos forzados», no obstante, siento un profundo respeto por quienes se hayan visto en ese trance, pero puedo atestiguar que el «reposo forzado» no es en absoluto fácil.

No era la primera vez que mi endeble naturaleza me obligaba a parar —a veces he llegado a pensar que Dios me ha dotado de una salud tan impecablemente mala solo para que escriba—, y de sobra sabía que a partir de ese momento tendría en mi mente a mi más feroz enemigo, porque, como bien sabes, cuando el cuerpo se para la mente se dispara.

Así que opté por cauterizar mi pensamiento antes de ser cautivo de él, y amparado en el reposo pude asumir poderosas convicciones:

Es posible —ahora lo sé— cocinar tan febrilmente para Dios que terminemos sacándolo de la cocina... Es posible, sí, pero es totalmente inconveniente.

Un yugo difícil y una carga excesiva no coinciden con la descripción que Jesús hizo de su comisión; más bien pueden situarnos ante una pendiente tan pronunciada que nos haga concebir la idea de abandonar.

¿Te ha ocurrido a ti? ¿Lo has pensado alguna vez?

No te tortures ni te juzgues con severidad.

Bienvenido al club.

Recuerda la frase de aquel sabio chino: *No podemos evitar que los pájaros revoloteen sobre nuestra cabeza, pero sí podemos impedir que hagan nido en ella.*

Así: capturando con mi mano derecha las reflexiones que brotaban del corazón y espantando con la izquierda los negros pajarracos que se empeñaban en anidar en los resquicios de mi mente, escribí muchas páginas de este libro.

¿Quieres transitar conmigo este túnel? Juntos comprobaremos que agarrados a Dios en la oscura gruta, siempre surgimos de ella, y lo hacemos en un lugar más alto; con una visión más amplia y bajo un cielo más puro y sereno.

Me atrevo a asegurarte que en algún punto de la lectura tendrás que detenerte para comprobar que la hora más oscura de la noche es, justamente, la que precede al alba y que no existe un invierno, por crudo y largo que sea, que no se convierta en puerta de acceso a una exuberante primavera.

Confío en que antes de llegar a la última página hayas logrado comprobar que las crisis más profundas suelen ser un atajo a las mayores oportunidades, y que los golpes recibidos sobre el yunque de Dios no destruyen sino que construyen.

Si llegaste hasta aquí en la lectura, te felicito, porque ahora comienza lo verdaderamente interesante.

Quiero presentarte a mi viejo pastor para que juntos, tú y yo, recorramos las habitaciones de su sencilla casa encalada de blanco y cimentada en el desierto, y busquemos la poderosa cruz que se alza entre las dunas.

JOSÉ LUIS NAVAJO

—¿Sabes, hijo? Cuando yo era niño pasaba horas escuchando a mi padre. ¡Cómo recuerdo la sabiduría que se desprendía de sus palabras! Oyéndole, me sentía crecer. Desempolvaba los archivos de su memoria para transmitirme hermosas reflexiones y lecciones muy valiosas.

El venerable abuelo hizo una pausa, creo que movido por la nostalgia, y luego concluyó:

—¡Qué lástima que hoy los viejos no seamos tan sabios como para que podáis aprender escuchándonos!

El joven tomó entre las suyas las manos del anciano y mirándole a los ojos le dijo:

—No te equivoques, papá. Si no dedicamos tiempo a escucharos no es porque vosotros seáis menos sabios, sino porque nosotros somos bastante más necios.

El padre esbozó una sonrisa que chorreaba puro amor, y besó la mejilla de su hijo, justo antes de abrazarlo.

«Los ancianos tienen sabiduría;
la edad les ha dado entendimiento».

Job 12.12 (DHH)

MEDIA NOCHE

Me detuve frente a la casa encalada de blanco y protegida del sol por una parra.

«¿Así que este es el refugio de mi viejo pastor?», pensé, contemplando aquella sencilla construcción.

Mientras recorría con pasos lentos los pocos metros que me separaban de la puerta, dos sensaciones —timidez e inseguridad—, me embargaban a partes iguales.

En un intento por encontrar fuerzas para llamar, me obligué a recordar la determinación con la que mi viejo pastor me había instado a visitarle.

—*No sé...* —le dije al teléfono con evasivas—, *no quisiera molestarle...*

—*No se hable más; vienes el lunes* —era la tercera vez que insistía—, *estoy deseando verte y darte un abrazo.*

Pese a ello, ahora, parado ante aquella puerta azul tachonada de clavos negros, no podía sacudirme la sensación de ser un entrometido que venía a alterar el merecido descanso de aquel anciano que había apurado, casi hasta el fondo, la copa de su servicio.

Solo el recuerdo de la situación límite que me había llevado hasta allí podía ser un incentivo suficiente para que mi mano se decidiera a agarrar el puño de bronce que en el centro de la puerta cumplía las funciones de llamador.

Rememoré mi historia más reciente:

Había decidido dedicar mi vida a servir a Dios, a lo cual me entregué con la mayor ilusión; sin embargo, últimamente las cosas habían sufrido algunos cambios.

Estaba desanimado.

Definitiva y absolutamente desanimado.

La sensación de creer que no podía, no sabía y no servía me había invadido por completo.

Desarrollaba —o, más bien, intentaba hacerlo— las funciones de pastor en una pequeña capilla de un pueblo diminuto. Todo pequeño. Pero a mí se me hacía aquella responsabilidad algo tan grande, y sobre todo tan pesada, que amenazaba con aplastarme.

Un domingo, al llegar de la iglesia me encerré en mi habitación y me postré, rodillas en el suelo y codos sobre el colchón. Enterrando el rostro entre mis manos oré y lloré largo rato, pero sentía que todo era en vano. Incluso la oración se me antojaba inútil. Las palabras parecían estrellarse contra el cielorraso y luego caían sobre mí, convertidas en lluvia de astillas que se clavaban en mi abatida espalda.

Después de orar y llorar permanecí de rodillas a la espera de algo. Pero nada ocurrió.

El día siguiente fue el de mi rendición.

Abandoné.

Al menos en mi corazón; quise dejar de servir por quiebra moral. Fui incapaz de resistir; me hundí en el desaliento.

Todo ocurrió ahí, en ese momento, un soleado lunes de inicios de mayo.

¿Había perdido la fe?

No estaba seguro, pero desde luego que había perdido el amor, y no me quedaba tampoco mucho del deseo con el que inicié la carrera.

Cuando abordé el barco del servicio a Dios lo hice lleno de proyectos e ilusiones.

De eso hacía nueve años.

Un particular y largo embarazo.

Y el alumbramiento trajo trillizos: Desánimo, frustración y desencanto.

En consecuencia, la barcaza a la que arribé ilusionado, hacía ahora aguas por todos lados, mientras el turbulento mar del desaliento amenazaba con tragarme.

Comencé a mirar mi vida, cada uno de mis años, como un lamentable e insensato error, y cuanto me quedaba por delante lo veía como un vacío incoloro por el que no me apetecía en absoluto deslizarme.

En otras ocasiones había tenido crisis, pero ni tan hondas ni tan bruscas como esta.

María, mi esposa, no tardó en detectar mis sentimientos. No es extraño. Ella es capaz de leer en mis ojos y de radiografiar, de un solo vistazo, toda mi alma.

—¿Qué te ocurre, cariño?

Su apoyo es incondicional, y también lo es su fe en mí; pero ni siquiera un salvavidas tan prodigioso parecía suficiente en el fiero mar que amenazaba con tragarme.

—Cuéntame —insistió—. ¿Qué te pasa?

—Nada —le decía.

E intentaba sellar sus labios con los míos; cerrar con un beso la compuerta por la que brotaban esas preguntas sinceras, pero que yo no sabía cómo responder.

—No me ocurre nada, no te preocupes.

Ella, respetuosa, aguardaba a que pasara la tempestad a su entender tan intensa que no podía ser larga.

Transcurrieron así varias semanas: Sumido en el túnel del desaliento, luchando contra la agobiante sensación de no poder, no saber y no servir y acariciando, cada vez con más certidumbre, la posibilidad de dejar el ministerio y dedicarme a otra cosa.

No tengo vocación, pensaba, *todo fue una quimera, una falsa ilusión; esta vida no es para mí.*

UNA CRUZ EN EL DESIERTO

—¿Por qué no hablas con el viejo pastor? —me sugirió mi esposa una noche, después de que respondiera a su misma pregunta con la evasiva de siempre.

—¿Con el viejo pastor?

—Sí.

Me sonrió con su gesto dulce que es bálsamo para mis heridas:

—¿Por qué no hablas con él?

Nunca el apelativo *viejo* fue aplicado a nuestro pastor con desprecio, sino con cariño sincero y verdadera admiración. Jamás vimos en su vejez el desgaste de lo añoso sino el incalculable valor de la experiencia.

Tenía, a la sazón, ochenta y tres años —cincuenta y cinco de los cuales había dedicado a pastorear la misma iglesia—, y cada día transcurrido había depositado en él un auténtico pozo de sabiduría.

Su vida ratificaba la reflexión de Ingmar Bergman, cuando dijo: *Envejecer es como escalar una gran montaña; mientras se sube las fuerzas disminuyen, pero la mirada es más libre, la vista más amplia y serena.*

Hacía unos cuantos meses que se había jubilado.

Junto a Raquel, su esposa, decidieron —huyendo del bullicio—, dedicar el tramo final de su camino a la oración y al recogimiento.

Le hemos servido en la primera línea de fuego, y ahora queremos apartarnos con Él —dijo, el día de su despedida—. *Durante cincuenta y cinco años les hemos hablado a los hombres acerca de Dios. Lo que anhelamos ahora es hablarle a Dios acerca de los hombres.*

¿Por qué no le llamas? —me repitió María sacándome de mi ensoñación.

No respondí y ella se conformó. Sabe bien que mi silencio es una promesa de que maduraré la sugerencia. Y así lo hice: Llevé a la cama su consejo y di mil vueltas con él, hasta quedarme dormido.

Casi nunca sueño, pero esa noche, soñé:

Me veía en medio de un desierto, bajo un calor abrasador. La piel me ardía y los rayos de sol eran como cuchillos que rasgaban mi enrojecida carne. Mis labios estaban resecos y agrietados. Extenuado, caía a tierra.

Haciendo un esfuerzo sobrehumano lograba incorporarme y avanzar unos centímetros para caer de nuevo. Finalmente, las piernas se negaron a responder y me abandoné sobre la arena, convencido de que iba a morir.

Justo cuando un mortífero sopor comenzaba a envolverme, una sombra refrescante me cubrió. La temperatura descendió varios grados e incluso mis cabellos se movieron agitados por una brisa tan extraña como renovadora. Me sentí resucitar. Fue como el abrazo suave de una sábana de seda después de un duro día de trabajo. ¿De dónde provenía esa sombra? Alcé mis ojos y tuve que frotármelos para convencerme de que lo que veía no era un espejismo: Una inmensa cruz se había alzado en el corazón de aquella tierra ardiente, interponiéndose entre el sol y mi cuerpo caído.

Su sombra se proyectaba directamente sobre mí. Un magnetismo irresistible me atrajo hacia ella y pronto pude ver una figura humana que me sonreía desde el pie de la cruz. ¡Era alguien que, arrodillado, me señalaba a mí con una mano, mientras que con la otra apuntaba hacia la inmensa cruz que se alzaba en el corazón del desierto! Hincando mis dedos en la tierra, logré arrastrarme, aproximándome un poco más.

Solo fue un poco, pero suficiente para distinguir que la persona que me llamaba... ¡Era mi viejo pastor! Renovado por el frescor que emanaba de la sombra de la cruz sentí algo muy próximo a la paz. De repente, en la masa de oscuridad casi pura que era mi interior, irrumpió su voz. Habló: «En descanso y en reposo seréis salvos; en quietud y en confianza será vuestra fortaleza». Una voz suave pero poderosa; mágica pero investida de autoridad. Distinta.

Busco todos los adjetivos elogiosos pero no puedo definir la sensación que me produjo aquel sueño.

Con el eco de esa voz y la camisa del pijama pegada a mi cuerpo, desperté sobresaltado.

No me cupo ninguna duda: aquel sueño confirmaba que el consejo de María era sabio y oportuno.

Por eso estaba ahora allí, parado frente a la puerta azul de aquella sencilla casa encalada de blanco.

El silencio era la música predominante de ese paraje increíblemente fértil pero estremecedoramente despoblado.

No se veía ninguna otra casa alrededor.

Aquella construcción estaba levantada en el centro de la nada. Cimentada en el desamparo más absoluto pero protegida por la quietud más perfecta. El suelo de piedra, junto a las paredes, estaba cubierto de pétalos de flores, rojos, blancos y rosados, que se desprendían del poyo circular cargado de macetas y de dos balconcillos.

En unos macetones, a ambos lados de la puerta, había unas rosas enhiestas ante las que me incliné para olerlas. Eran de un blanco inmaculado y sobre sus pétalos conservaban algunas gotas de agua que se asemejaban a diminutos cristales.

Retrocedí unos pasos para volver a admirar la estructura, sencilla pero imponente, de aquella casa, y entonces reparé en el detalle: La chimenea, que se levantaba varios metros, arrojaba una sombra que junto a la que proyectaba el perfil del tejado formaban la imagen misma de una cruz.

Mantuve mis ojos fijos en la escena por más de un minuto: Era una cruz perfecta, a la que el sol, ya declinando, confería una enorme longitud.

Una cruz idéntica a la de mi sueño...

Una cruz en el desierto...

Poco imaginaba que mi vida estaba a punto de cambiar, porque a partir de ese momento comenzó uno de los periodos más vertiginosos y extraordinarios que hasta hoy he vivido.

Meses en los que no entendí bien qué ocurría y que solo ahora puedo relatar con otra convicción, porque el tiempo y lo acontecido me han hecho comprender que en cada desierto hay una cruz restauradora, solo es cuestión de buscarla y guarecernos a su sombra.

A veces ni fuerzas tenemos para buscarla... pero ella nos encuentra, y comprobamos que allí el paraje más ardiente se transforma en un fértil vergel.

PRIMER LUNES

«Solo Dios es, solo Dios puede, solo Dios
sabe... Solo Dios es el verdadero sabio».

Temeroso, dando lentamente un paso tras otro, llegué ante la puerta de la casa. Y lo que vi me dejó estupefacto.

Junto al dintel derecho, colgada en la fachada, había una piedra rojiza con forma de pergamino en la que estaban grabadas las palabras del profeta: *En descanso y en reposo seréis salvos; en quietud y en confianza será vuestra fortaleza* (Isaías 30.15).

Las mismas palabras que me hicieron despertar del sueño las tenía ahora ante mis ojos.

Casi no podía creerlo.

Inspirando profundamente el aire reposado y cargado de aromas, me dije: «Ya veo que mi viejo pastor y su esposa han cumplido su deseo». «Encontraron un lugar donde descansar y confiar».

Supe, sin ninguna duda, que habían convertido esa quietud en altar y ese silencio sagrado en adoración.

Al llegar hasta su casa para visitarle aquel primero de junio, mi intención era tomar un café juntos y hacerle saber cómo me sentía.

Fue justo antes de llamar cuando caí en la cuenta de que era lunes, como aquel de principios de mayo que supuso el día de mi rendición.

¡Qué poco imaginaba que también ese lunes soleado, día primero de junio, comenzaría mi restauración!

Un paso más y franquearía aquel umbral, comenzando un cambio radical en mi vida. Quedaría inaugurada una era decisiva de mi existencia.

El sol derramaba sus afiladas saetas desde un cielo inquebranta-blemente azul y el calor se desplomaba sobre cada lado de la casa. Ni una hoja se movía cuando, lentamente, agarré el llamador de bronce que quemaba y lo descargué dos veces sobre la puerta.

Tras un leve sonido de pasos fue la bondadosa Raquel, su inse-parable y fiel compañera, quien me abrió. Sorprendida al verme, pronunció mi nombre, me hizo notar su alegría, me saludó con un beso en cada mejilla franqueándome la entrada con una sonrisa iluminadora al tiempo que agregaba un cálido:

—¡¡Bienvenido!!

Ya mi viejo pastor se acercaba por el pasillo.

—¡Hola! —gritó, levantando los brazos y extendiéndolos hacia mí—. ¡Qué gozo me da verte en mi casa!

En medio del sofocante calor una brisa de afecto me envolvió. No había fingimiento ni afectación en su alegría. Su abrazo amigable supuso la más sincera bienvenida.

Ya me sentía mejor.

La cálida recepción por parte de aquellos dos ángeles surtió un efecto terapéutico instantáneo.

Sentía que aunque la visita no hubiere pasado de allí, habría vuelto a casa confortado.

Mirándoles, me afirmé en la idea de que son las arrugas del espíritu las que nos hacen viejos, no las de la cara. Y en ellos percibí dos almas desbordando juventud y una vitalidad auténtica.

¿Qué tendrán, me pregunté, *que su sola presencia infunde ánimo?*

La casa por dentro era tan sencilla como lo sugería el exterior.

Nada más entrar accedimos a un breve distribuidor en el que se abrían cuatro puertas.

La de la derecha conducía a una pequeña cocina donde había lo esencial, incluida la salida a un porche amueblado con una mesa y cuatro sillas.

Les imaginé allí, tomando juntos el primer café de la mañana y recreándose en la inmensa naturaleza que se abría ante ellos.

Sobre el fregadero destacaba un ventanal protegido por un visillo, pero que no impedía ver la encina centenaria que extendía sus ramas sobre la casa como queriendo guarecerla del sol justiciero de este verano anticipado.

La puerta situada justo enfrente de la cocina conducía a un salón no muy grande pero extraordinariamente acogedor. Dos mecedoras estaban orientadas hacia una chimenea renegrida, señal de muchos inviernos proporcionando calor e intimidad.

Entre las dos mecedoras había una mesa baja sobre la que reposaba la Biblia de tapas muy gastadas en las que podía leerse «letra gigante». Fue la que usó en el último tiempo, cuando sus ojos perdieron agudeza, aunque jamás se apagó en ellos el brillo de la determinación.

Entonces reparé en el detalle: Una gran cruz estaba impresa sobre la portada de la Biblia; de allí mis ojos saltaron a los leños apagados que reposaban sobre el hogar. Formaban también una cruz. Luego observé que la estantería de pared, repleta de fotos y recuerdos, estaba diseñada precisamente con esa forma. Lo mismo ocurría en las cristaleras del gran ventanal, donde unos perfiles blancos entre las dos láminas de vidrio formaban una cruz.

Mi viejo pastor se dio cuenta.

—¿Ya lo captaste? —me preguntó con una sonrisa.

—¿A qué se refiere?

—La cruz. ¿Ya la viste?

—Está en todos lados.

—Tú lo has dicho.

Ahora su sonrisa desprendía más luz que el purísimo atardecer de aquel día despejado.

—Mi vida surgió a la sombra de la cruz... siempre he vivido amparado en ella, y quiero que la cruz sea la escala que me alce a su presencia cuando llegue mi tiempo.

—¿Qué encuentra en ella? —me atreví a preguntarle.

Solo meditó unos segundos antes de responder.

—A Él —apuntando con su dedo índice hacia arriba—. En la cruz le encuentro a Él... a nadie más... a nadie menos... ¿qué más se puede pedir?

Me fijé en una escalera que, desde un rincón del salón conducía a la planta alta donde estarían, seguramente, los dormitorios.

La tercera puerta que había en el distribuidor correspondía a un pequeño aseo inmaculadamente limpio, como el resto de la casa.

Quedaba una última puerta hacia la que señaló mi viejo pastor.

—Entremos aquí —me dijo, yendo delante.

Su esposa, Raquel, dirigiéndose a la cocina, nos prometió:

—Enseguida os llevaré un café.

Aquella habitación era su despacho.

Dos cosas atrajeron de inmediato mi atención: La inmensa estantería que de suelo a techo cubría una pared y en la que se apretaban cientos de libros, y la amplia vidriera que había a la derecha de la mesa de estudio. Aquel ventanal proporcionaba una vista extasiante. El campo se abría hasta donde alcanzaba la mirada y ahora, en la primavera madura, la hierba era una jugosa alfombra que cubría el suelo de un verde brillante, casi fosforescente.

Mirando el estante abarrotado de libros recordé el consejo que mi viejo pastor me diera un día: *Debes leer mucho, sobre todo la Biblia, pero busca también empaparte de la sabiduría de otros. Un buen libro te hará crecer. Son como minas,* me había dicho, acariciando el volumen que tenía entre sus manos. *Minas repletas de riquezas. Cada capítulo es una galería que cobija tesoros, esperando que alguien los descubra.*

Paseé mi vista por los lomos, intentando descifrar los títulos.

—Mil setecientos doce —me dijo.

—¿Perdón?

—Mil setecientos doce libros, ordenados alfabéticamente y anotados en listas con estilográfica.

Sonrió.

—Ya sabes que siempre he sido un lector compulsivo.

—Y una persona extremadamente ordenada —reconocí—. Por cierto, muchos fuimos contagiados con su pasión por la lectura.

Se sentó en el sillón orejero que estaba orientado hacia el amplio ventanal. Supuse que esa debía ser su ubicación favorita. A su lado había una mesa baja y sobre ella una lámpara de pantalla.

Por un momento pensé en los idílicos momentos que mi viejo pastor pasaría sentado en ese sillón, contemplando durante el día el paisaje verde, abierto... y adorando en la tenue luz de la lámpara durante la noche.

—Gracias por concederme unos minutos de su tiempo —le dije con cierta timidez, tomando asiento frente a él.

—¿Me das las gracias? —me sonrió con los ojos más que con la boca—. Soy yo el que te está agradecido. Desde que estoy retirado me sobra tiempo y no son muchas las ocasiones de disfrutar de visitas. Ya ves, justo ahora que tengo tanto para contar apenas hay quien quiera escucharlo. A Raquel la tengo aburrida de oír una y otra vez mis historias. ¡La pobre es una santa!

Rió con ganas al decirlo.

Y fue ella quien llegó transportando una bandeja e inundando la habitación del delicioso aroma del café acompañado con un pastel recién horneado.

Mi viejo pastor la miró con una sonrisa en la que vi más agradecimiento del que las palabras son capaces de componer y ella le lanzó un guiño que se me antojó casi de adolescente.

Quedé extasiado ante aquella tierna escena de amor en el atardecer de dos vidas.

Asumí entonces que vivir amparado en la sombra de la cruz preserva, no solo la vida personal, sino también el matrimonio.

El alba se aproxima

—Así que usted conoce historias…—le dije cuando su esposa hubo salido.

—Muchas —aseguró— y creo que muy buenas. ¿Querrías escucharlas?

—Sería un placer.

Lo dije con sinceridad. Mi viejo pastor me inspiraba un respeto profundo y solo con estar a su lado me sentía crecer. ¿Cuánto más escuchándole?

Por un momento pensé en contarle el sueño que tuve y que me condujo hasta ese encuentro, pero deseché la idea pues no quería condicionar el curso de nuestra conversación.

—¿Sabes? —me dijo—. Esta mañana recordaba el momento cuando recibí el llamamiento para servir a Dios.

Se llevó la taza de café a los labios, pero la detuvo a escasos centímetros, rematando la frase:

—Todavía me emociono al recordarlo.

—¿Qué edad tenía? —le pregunté.

—No estoy seguro.

Tomó un sorbo de la humeante bebida, dejó la taza sobre el pequeño plato y se rascó ligeramente la cabeza, como queriendo despertar a la memoria.

—Puede que quince... No estoy seguro. Lo que sí recuerdo a la perfección es el vigoroso mensaje que mi pastor predicó aquel día.

—¿Le gustó?

—Mucho; pero fue otra cosa lo que hizo que mi corazón latiera acelerado.

—¡Oh! ¿Y qué fue esa otra cosa?

—El claro sentimiento de que algún día yo también expondría ese poderoso mensaje.

Sus ojos se enfocaron en la ventana, como leyendo en la extensa campiña la siguiente parte de su relato.

—El final de aquella reunión marcó el principio de mi nueva vida. Permanecí sentado, con mi cabeza apoyada en el respaldo del asiento de enfrente, orando y llorando presa de la emoción. Luego noté una mano posándose sobre mi hombro: Era la de mi pastor.

—*Lo has sentido, ¿verdad?*—me preguntó con calidez en un tono igualmente afirmativo—. *Has sentido su llamado, ¿no es cierto?*

—Asentí con un movimiento de cabeza, sin saber qué más decir, aunque hubiera querido explicarle que tal llamado me parecía una locura. Que Dios me eligiera se me antojaba un error o una broma de mal gusto. ¿Yo, que era incapaz de hablar ante tres personas, elegido para dirigirme a una multitud?

Esbozó un intento de sonrisa y concluyó:

—Error o broma de mal gusto, no me cabía otra opción.

De nuevo tomó la taza pero la mantuvo en el aire. Clavó sus ojos en los míos mientras continuaba su relato:

—Mi pastor puso su mano bajo mi barbilla, haciéndome alzar la mirada para hablarme directamente a los ojos: *Si Él te llama dile que sí.* Lo dijo casi con un susurro

Y él mismo susurraba ahora, al recordarlo.

—*Pero yo nunca seré capaz de servirle* —me quejé.

—*Dios no llama a los capacitados, sino que capacita a los llamados. ¿Ves eso?* —me dijo, señalando a la cruz que presidía aquel altar—. *Es todo lo que necesitas. La vida no comienza a los veinte años, ni tampoco a los cuarenta. La vida comienza en el Calvario. Y allí comienza también el servicio fructífero. Deja que la cruz esté tan presente en ti, que llegue a ser tu camino y tu reposo.* Fue una afirmación sanadora que me acompañaría toda la vida.

Apuró el café y devolvió la taza a su lugar.

Y se reclinó en el sillón.

—Cuando el otro día hablamos por teléfono no me diste muchos detalles sobre las razones de tu visita, pero algo me dice que enfrentas los incómodos sentimientos que a mí me han acompañado toda la vida.

—¿Acaso usted...?

No me dejó terminar la pregunta.

—Hijo.

Me encantó que se refiriera a mí con ese íntimo título.

—Desde que soy capaz de recordar siempre me acompañó la pregunta: ¿Estaré ayudando a alguien? ¿Estaré respondiendo con dignidad a tan altísimo llamado?

Me descubrí asintiendo con la cabeza. Yo no hubiera expresado mejor mis propios sentimientos.

—Sí —continuó—. Nunca estuve seguro de casi nada, excepto de que aquello que pudiera hacer no serviría para alterar el curso de ninguna vida. Pero luego he descubierto que esa intriga es vital, porque las dudas acerca de mi solvencia me hacen acudir a Dios en busca de recursos, y allí —señaló a unos gastados almohadones que descansaban en el suelo—, mis sentimientos se ordenan. La presencia de Dios inyecta paz en mis venas y aunque en ocasiones me postro deshecho, siempre me levanto rehecho.

Su voz subió varios tonos.

—Transformado, victorioso... y, sobre todo, renovado.

Y yo percibía que sus palabras a mí me renovaban.

—Arrodillados ante Él adquirimos equilibrio. Cuando seas tentado a pensar que careces de valor, mira a la cruz.

Con su mano abarcó el despacho y descubrí que también aquella estancia estaba inundada del símbolo sagrado, impreso en lomos de libros, en cuadros que colgaban de la pared y en versículos bíblicos grabados.

—Mira a la cruz —insistió—. Tanto vales para Dios.

Deja que tu valor lo determine un experto

—Lo que me ocurre —decidí ser honesto con mi viejo pastor— es que pienso que carezco de talento para desarrollar las funciones que se esperan de mí. Cualquiera podría hacer lo mismo que yo hago... y lo haría mucho mejor.

Me observó con una sonrisa que transmitía comprensión y empatía.

—Estoy recordando una vieja historia. ¿Quieres que te la cuente?

—Adelante —le dije.

Se acomodó en el sillón, entrelazó los dedos, dejó descansar las manos en el regazo y comenzó:

Aquel hombre entró, muy afligido, en la habitación del sabio. «Vengo, maestro», le dijo, «porque me siento tan poca cosa que no tengo ganas de hacer nada. Me dicen que no sirvo, que todo lo hago mal, que soy torpe y bastante tonto. ¿Cómo puedo mejorar? ¿Qué puedo hacer para que me valoren más?»

Sin mirarlo, el maestro le dijo: «Cuánto lo siento, muchacho. No puedo ayudarte ya que debo resolver primero mi propio problema. Quizá después...»

Hizo una pausa y agregó: «Si quieres ayudarme, yo podría resolver este asunto mío antes de lo pensado y después tal vez te pueda ayudar».

«E... encantado, maestro», titubeó el joven, sintiendo que de nuevo era desvalorizado y sus necesidades postergadas. «Bien», continuó el maestro. Se quitó un anillo que llevaba en el dedo meñique de la mano izquierda y, dándoselo al muchacho, le dijo: «Toma el caballo que está ahí fuera y cabalga hasta el mercado. Debo vender este anillo porque tengo que pagar una deuda. Es necesario que obtengas por él la mayor suma posible, y no aceptes menos de una moneda de oro. Vete y regresa con esa moneda lo más rápido que puedas». El joven tomó el anillo y partió. Apenas llegó al mercado, empezó a ofrecer el anillo a los mercaderes, que lo miraban con algo de interés hasta que el joven decía lo que pedía por él.

Cuando mencionaba la moneda de oro, algunos reían, otros le giraban en la cara y tan solo un anciano fue lo bastante amable como para tomarse la molestia de explicarle que una moneda de oro era demasiado valiosa para entregarla a cambio de un anillo. Con afán de ayudar, alguien le ofreció una moneda de plata y un recipiente de cobre, pero el joven tenía instrucciones de no aceptar menos de una moneda de oro y rechazó la oferta. Después de ofrecer la joya a todas las personas que se cruzaban con él en el mercado, que fueron más de cien, y abatido por su fracaso, montó en su caballo y regresó. Cuánto hubiera deseado tener una moneda de oro para entregársela al maestro y liberarlo de su preocupación, para poder recibir al fin su consejo y ayuda. Entró en la habitación. «Maestro», le dijo, «lo siento. No es posible conseguir lo que me pides. Quizás hubiera podido conseguir dos o tres monedas de plata. Pero no creo que yo pueda engañar a nadie con respecto al verdadero valor del anillo». «Eso que has dicho es importante, joven amigo», contestó sonriente el maestro. «Debemos conocer primero el verdadero valor del anillo. Vuelve a montar tu caballo y ve a ver al joyero. ¿Quién mejor que él puede saberlo? Dile que desearías vender el anillo y pregúntale cuánto te da por él.

Pero no importa lo que te ofrezca: no se lo vendas. Vuelve aquí con mi anillo».
El joven volvió a cabalgar. El joyero examinó el anillo a la luz del candil, lo
miró con su lupa, lo pesó y luego le dijo: «Dile al maestro, muchacho, que si
lo quiere vender ya mismo, no puedo darle más de cincuenta y ocho monedas
de oro por su anillo». «¿Cincuenta y ocho monedas de oro?» exclamó el joven.
«Sí», replicó el joyero. «Yo sé que con tiempo podríamos obtener por él cerca
de setenta monedas, pero si la venta es urgente…» El joven corrió emocionado
a casa del maestro a contarle lo sucedido. «Siéntate», dijo el maestro después
de escucharlo. «Tú eres como ese anillo: una joya, valiosa y única. Y como
tal, solo puede evaluarte un experto. ¿Por qué vas por la vida pretendiendo que
cualquiera descubra tu verdadero valor?»

Mi viejo pastor me miró con intensidad.

Yo meditaba.

Me señaló a la cruz.

—Lo hizo por ti… tanto vales para Dios. Fíate de los expertos —apuntando hacia arriba—. Su criterio es el único que debe importarte; Él sabe cuál es tu verdadero valor.

Asentí, tomando la firme decisión de acudir a la próxima cita con cuaderno y bolígrafo para tomar notas.

—Es cierto que a veces Dios permite que nuestro paladar sea tocado por la mirra del aparente fracaso —puntualizó, humedeciéndose los labios— porque muchos de nuestros fracasos son más aparentes que reales. Pero aun eso es sano, porque ese sentimiento nos lleva a tomar la brújula de la oración y entonces comprendemos la enorme verdad de que solo Dios es, solo Dios sabe, solo Dios puede…

—¡Qué frase! —dije, repitiéndola—: Solo Dios es, solo Dios sabe, solo Dios puede…

Sócrates lo resumió con mucha sencillez cuando pretendían atribuirle, seguro que con merecimiento, una sabiduría privilegiada. El filósofo griego miró a la multitud que aclamaba su erudición, luego señaló al cielo y dijo: *Solo Dios es el verdadero sabio.*

Declinaba el día cuando cerré la puerta azul detrás de mí.

El anochecer se aproximaba.

Sobre las elevadas lomas el cielo era naranja y rasgado por nubes transversales más oscuras, entre las que se transparentaba un purísimo azul.

Ladridos lejanos me recordaron que mucho más allá también había vida, aunque ni tan quieta ni tan bella como esta, donde la dama de la noche y los jazmines comenzaban a levantar su aroma espeso y cálido.

Al pasar junto al rosal, captó mi atención una flor roja que había nacido entre las blancas. Me incliné para olerla, extrañado de que un mismo tallo albergara flores de tan distinto color. Tenía un marcado perfume, mucho más intenso que el de sus compañeras blancas.

Caminé luego por aquel campo vacío, pero que no me parecía amenazante sino inmensamente bello. Todo era silencio, matizado tan solo por el saludo de los primeros insectos de la noche.

Abrí mis brazos alzándolos al cielo y la mínima luz, a mis espaldas, proyectó, delante de mí, la cruz que yo formaba.

Aquella soledad me pareció una antesala del cielo.

Adoré mientras caminaba. Primero en silencio, luego en un susurro, pero finalmente mi corazón explotó en un *¡Aleluya!,* que hizo enmudecer a los insectos.

Incluso el perro, a lo lejos, guardó silencio.

Lágrimas y adoración se mezclaron hasta llegar a casa.

—¿Cómo te fue, cariño? —mi esposa miró con preocupación mis ojos hinchados y enrojecidos.

No le dije nada, solo la abracé durante largo rato. La aparté luego un poco para contemplarla. Su bella imagen danzaba en mis lágrimas...

—Bien, mi amor —volví a abrazarla—. Me fue muy bien.

Poco después María, mucho más tranquila, descansaba. Mi quietud era la suya y esa noche dormiría con la paz que en el último tiempo mi desasosiego le había robado.

Para ella amanecería pronto; la oficina aguardaba a las ocho en punto.

Yo tardé algo más en acostarme.

Tenía mucho en qué meditar.

Sobrecogido de gozo me asomé a la ventana. La luna, redonda y blanquísima, convertía el cielo nocturno en una cúpula de luz y desde el jardín ascendía una perfumada humedad.

Solo Dios es, solo Dios sabe, solo Dios puede... Solo Dios es el verdadero sabio.

Lo repetí muchas veces, hasta que cada uno de mis sentidos se impregnó del poderoso mensaje.

Volví a llorar de paz y de alegría irrefrenable, y al otro lado de mis lágrimas la luz de la luna se refractó adquiriendo la forma de una brillante cruz sobre el inmenso lienzo nocturno.

La noche avanzaba y la temperatura caía.

Dentro de mí, por fin, amanecía.

SEGUNDO LUNES

«Un vistazo a la gloria de Dios nos arranca de golpe todas las medallas del pecho, nos despoja de títulos y nos apea del pedestal».

Durante toda la semana aguardé con impaciencia la llegada del siguiente lunes. Casi contaba las horas que faltaban para el reencuentro con mi viejo pastor.

Su recepción fue tan cordial como la anterior y apenas me senté frente a él, me miró con una intensidad grave matizada de dulzura y comenzó a hablar, recordando con precisión admirable los detalles de nuestro encuentro anterior.

—Como te dije el lunes pasado, eres enormemente valioso, pero debes mantenerte humilde.

Percibí que su objetivo era poner equilibrio en la disertación.

—Mientras sirves a Dios gozarás de triunfos. Recuerda, entonces, que el éxito tiene un alto componente etílico. Vigila que no te emborrache.

Aquella frase quedó impresa en mí como si el mismo cincel de Dios la hubiese grabado. Tuve que reaccionar ágilmente para no quedarme enganchado en ella, pues de la boca de mi viejo pastor seguía fluyendo sabiduría.

—Hay personas que gastan sus fuerzas en el estúpido empeño de ser conocidos y, de ser posible, reconocidos... ¡Qué insensatez!

No había enfado en su voz. Lo dijo en tono sereno, pero era llamativa la rotundidad de sus afirmaciones.

—Jamás he entendido —prosiguió— ese empeño por exhibir habilidades y valores. ¿A quién pretendemos impresionar? ¿Dejaremos a Dios boquiabierto con nuestras capacidades? Cuando Él elige a una persona, esta no tiene que esforzarse por reivindicar sus talentos; ya se ocupará Dios de ello.

La firmeza con la que hablaba resultaba contagiosa y a la vez estimulante.

—He conocido a suficientes ministros del evangelio tan infectados por el virus del éxito como para saber que los vapores del triunfo actúan como el alcohol: tienden a subírsenos a la cabeza y aturdirnos. Nublan nuestra visión y nos vuelven torpes, por eso Dios permite los tropiezos y no evita que cometamos errores, porque la debilidad resultante puede tornarse en nuestra verdadera fortaleza.

Su mirada desprendía el fulgor de quien está persuadido de la verdad y siente urgencia por compartirla.

—Hay algo más difícil que sobreponerse a los fracasos.

Entorné los ojos en un gesto de sospecha. «¿Más difícil que sobreponerse a un fracaso?», pensé. Para mí errar equivale a sumirse en un pozo de desaliento.

—Algo más difícil que sobreponerse al fracaso —insistió—, es sobreponerse al éxito.

Guardó silencio para que pudiera meditar en ello, o tal vez para brindarme la opción de replicar. Pero enseguida continuó:

—El gran enemigo de tus triunfos de mañana, son tus triunfos de hoy. Está sobradamente demostrado que por cada cien personas que soportan la adversidad, solo una tolera la prosperidad. Y no me refiero únicamente a la económica. Las medallas, incluso las obtenidas legítimamente, pueden pesar tanto sobre el pecho que llegan a convertirse en un lastre. Los galones, incluso los alcanzados en justas conquistas, pueden abatir nuestros hombros clavándonos en el suelo.

Volvió a enfocarme con fijeza, mientras me decía:

—Sobreponte a los fracasos, pero no dejes que los triunfos te venzan. En ocasiones la victoria puede radicar en una huida y el verdadero poder en sentirse débil.

—¿Alguna vez se sintió usted débil? —le pregunté.

—Si tú supieras —se echó a reír—. Si hubieses podido verme por dentro, te habrías sorprendido del temor y temblor que en ocasiones me embargaban. Algunos días tenía que repetirme cien veces las palabras que Dios le dijo al apóstol Pablo: *Mi poder se perfecciona en la debilidad.*

Mientras escuchaba aquella confesión, en mi mente se reproducían las múltiples ocasiones en que había visto a ese hombre anunciando con firmeza el mensaje de la cruz. Sus palabras llegaban a nosotros con la seguridad de quien sabe muy bien lo que dice y por qué lo dice.

Se incorporó un poco en el sillón me preguntó si podía contarme algo. Al decirle que estaría encantado de escucharle, comenzó:

Se dice que hace mucho tiempo en un antiguo monasterio regido por una abadesa de gran sabiduría, más de cien hermanas oraban, trabajaban y servían a Dios llevando una vida austera y silenciosa. Un día, les anunciaron que una de ellas sería enviada a su comarca a predicar el evangelio. Después de larga deliberación y consulta, se decidió preparar para tal misión a la hermana Clara, una joven llena de cualidades. La pusieron a estudiar, por lo que Clara pasó largos años en la biblioteca del monasterio descifrando códices y adueñándose de su secreta ciencia. Al concluir sus estudios, conocía los clásicos, podía leer la Escritura en sus lenguas originales y dominaba la tradición teológica medieval. Predicó en el monasterio y todos pudieron apreciar su erudición y la unción de sus palabras. Al finalizar su prédica, Clara se inclinó ante la abadesa y le dijo: «¿Puedo yo ir ya a predicar?» La an-

ciana abadesa la miró como si leyera en su interior y apreció que en la mente de Clara se amontonaban miles de respuestas. «Todavía no, hija... todavía no», le contestó. La envió, entonces, a la huerta, donde trabajó de sol a sol, soportando las heladas del invierno y los ardores del verano. Arrancó piedras y zarzas, cuidó, una a una las cepas del viñedo, aprendió a esperar el crecimiento de las semillas y a reconocer, con la subida de la savia, cuándo había llegado el momento de podar los castaños. Adquirió otra clase de sabiduría, pero todavía no era suficiente. La madre abadesa la envió luego a conversar con los campesinos. Escuchó el clamor de sus quejas por la dura servidumbre. Oyó rumores de revueltas y alentó a los que sufrían con tanta injusticia. La abadesa la llamó, la miró y vio su mente llena de respuestas y los ojos llenos de preguntas. «No es tiempo aún, hija mía... Ve a orar». La hermana Clara pasó largo tiempo en una ermita solitaria del monte. Cuando regresó, llevaba el alma transfigurada. «¿Ha llegado ya el momento?», preguntó. No. Aún no había llegado. Se había declarado una epidemia en el país y la hermana Clara fue enviada a cuidar de los apestados. Veló noches enteras a los enfermos y lloró amargamente al enterrar a muchos. Cuando terminó la peste, ella misma cayó enferma de agotamiento y tristeza y fue cuidada por una familia de la aldea. Aprendió a ser débil y a sentirse pequeña, se dejó querer y recobró la paz. Cuando regresó al monasterio, la madre abadesa la miró, leyendo en su alma y la encontró más humana y vulnerable. Tenía la mirada serena, la mente llena de respuestas, los ojos llenos de preguntas y el corazón lleno de nombres.

«Ahora sí, hija mía... ahora sí. Ve a predicar el evangelio», le dijo. [1]

La historia me emocionó.

Se inclinó hacia mí y recalcó la enseñanza hablando muy lentamente:

—Toda la sabiduría y el poder de Dios no habrían servido de mucho si no hubiera decidido hacerse débil y entregar su vida. Henry Miller dijo: «Si Dios no es amor, no vale la pena que exista».

Sacudió la mano, prosiguiendo:

—La frase tiene lo suyo, pero creo que es acertada. Allí —señaló a una de las muchas cruces que decoraban su despacho— no hay milagros, ni erudición... solo hay un cuerpo roto del que escurre amor por los cuatro costados. En esa debilidad extrema se fraguó la gran victoria. Es así y no de otra manera. Hijo, si queremos ser efectivos, tendremos que imitarle. Dios no busca estrellas, ni elige a sus siervos consultando las guías de notoriedades; prefiere vasos de barro para administrar su tesoro, y cuanto antes asumamos que nuestro llamado no es a ser estatuas sino pedestales, antes avanzaremos.

Yo le miraba profundamente... le escuchaba profundamente.

—La autosuficiencia es un valor cotizadísimo en la tierra, pero un verdadero estorbo en las cosas del reino. Él nos ayuda hasta que nos sentimos poderosos, pero en la autosuficiencia comienza nuestro declive. Pocas cosas ejercen tanta influencia como la humildad instaurada en el altar. Pero es una abominación convertir el altar en escenario.

Guardó un instante de silencio antes de ratificarlo:

—Algunas iglesias han convertido su altar en escenario —negó con un gesto de lástima—, y eso es un verdadero problema. Sobre el escenario se lucen las estrellas; sobre el altar desciende la presencia de Dios. Ambas cosas son incompatibles; tendremos que elegir: Estrellas humanas o impacto divino.

Mi viejo pastor movía su cabeza, llevando la barbilla casi de hombro a hombro, en una negativa rotunda y una convicción firme.

—Es una terrible incoherencia escuchar el sencillo mensaje del evangelio proclamado por labios altaneros.

LA FACTORÍA DE LA HUMILDAD

—No lo olvides —regresó al corazón de la enseñanza que estaba queriendo transmitirme—. La humildad no es una opción sino un requisito innegociable para quien sirve a Dios y en esto también nos ayuda la oración.

Volvió a señalar a los viejos almohadones y esta vez reparé en que estaban marcados con las hendiduras de sus rodillas.

—La oración eleva nuestro espíritu, pero aprieta, a la vez, nuestros pies sobre la tierra.

Quería dejar este punto bien claro; por eso, añadió:

—Me refiero a la genuina espiritualidad, no a jugar al misticismo. He visto aprendices de la oración que se creen más espirituales que el resto. Parecen santos levitantes que miran con orgullo a los demás y se atreven, incluso, a juzgarles. Por cierto —se inclinó hacia mí como quien va a lanzar una confidencia—, creo que no hay peor soberbia que la espiritual; es la que más apesta. ¿Sabes lo que ocurre con el orgullo? Es como el mal aliento. Todos lo notan menos el que lo lleva.

La risa que actuó de broche para su broma me pareció deliciosa.

—Esos aficionados de la oración que se vuelven altaneros apenas se asoman al universo de la comunión con Dios y ya se sienten superiores al resto de los mortales. El orgullo es un fijador de pelo que atraviesa el cráneo y endurece y bloquea las neuronas. ¡Qué distintos son aquellos que deciden cobijarse de lleno en el corazón de Dios! Salen impregnados de vida y también de humildad. Un vistazo a su gloria nos arranca de golpe todas las medallas del pecho, nos despoja de los títulos y nos apea del pedestal. Quien cabalga a lomos del orgullo, empuñando la espada del juicio y emitiendo opiniones sobre todo y todos, aún no se ha dado de bruces con la majestad de Dios. Porque todo el que se aproxima al trono del Señor se cura de golpe del anhelo de notoriedad. La proximidad de Dios lo simplifica todo.

Mi viejo pastor cerró los ojos y yo supuse que estaba asomándose a ese universo único de la oración. Caí entonces en la cuenta de que sus mejores momentos no los habría pasado sentado en aquel sillón, sino sobre los gastados almohadones. Porque su mejor perspectiva no era la que le ofrecía el amplio ventanal de su despacho sino que su paisaje más sublime lo contemplaba desde la postración, asomado a las inmensas praderas del cielo.

Yo también cerré mis ojos, seguro de que por ese día había sido suficiente.

Ni una pregunta pude hacerle pero me llevaba mil respuestas.

Había descubierto una clave sencilla y a la vez transformadora: Solo Dios puede, solo Dios sabe, solo Dios sirve... Y su poder se muestra en vasos de barro... en instrumentos sencillos... en siervos humildes.

Debió abrir sus ojos y ver los míos cerrados porque escuché su voz, grave y profunda, levantándose en oración. Le dijo a Dios muchas cosas acerca de mí, tantas y tan acertadas que llegué a pensar que aquel venerable anciano había recorrido a mi lado el último trecho del camino. Es más, concebí la posibilidad de que hubiera buceado en mi interior captando cada una de mis sensaciones, porque al hablar ahora con Dios, le describió con detalle mis desvelos de las últimas noches y mis dudas de los últimos días. Le habló de mi presente incierto y también de mi futuro.

Y mientras él oraba Dios oía.

Sé que oía, porque otro aire llenó mi interior. Me pareció que respiraba oxígeno nuevo, desconocido; potencia revitalizadora pura.

Anochecía cuando salí de la casa.

La puerta azul se había cerrado, pero yo permanecí un momento deleitándome en la suave temperatura nocturna.

Mis ojos recorrieron el pequeño jardín.

La silueta de los árboles recortaban la suya en la oscuridad mientras mecían sus ramas al ritmo de las tímidas ráfagas de viento templado.

A punto de empezar a caminar reparé en el rosal. La curiosidad me hizo buscar la flor roja del lunes anterior y observé, sorprendido, que junto a ella, otra idéntica comenzaba a abrirse.

Una segunda rosa roja en aquel rosal blanco.

Cuando llegué a casa acudí a mi despacho y rebusqué en el armario hasta dar con algo que hacía semanas tenía arrinconado: El gastado almohadón que tiempo atrás usaba a diario para arrodillarme. Lo deposité en el suelo y sobre la olvidada almohada hundí mis rodillas. Cerré mis ojos y sentí el cielo abierto.

Él estaba ahí, no había duda, y me sonreía.

Apoyando mi cabeza en su seno sentí que una paz evidente, casi tangible, se escurría por mis sentidos hasta asentarse en mi alma.

TERCER LUNES

«Dios no está tan interesado en nuestra
productividad como en nuestra vida.
Ama la comunión mucho más que la producción».

¿Siervo de Dios o ejecutivo de iglesia?

La hermosa sensación persistió por varios días, pero mediada la semana se disipó dando lugar a otros sentimientos, mucho menos agradables.

Mis días discurrían casi siempre igual: María marchaba temprano a su oficina y yo entraba en mi despacho.

El despuntar del alba me encontraba sentado a la mesa y los primeros rayos de luz convergían sobre mi agenda abierta, alumbrando las múltiples obligaciones que allí se apretaban.

La lectura de un salmo y una oración rutinaria, orientada más a acallar mi conciencia que a conectarme con Dios, eran todo el vestigio de espiritualidad que impregnaría la jornada.

Pero no siempre fue así.

Tiempo atrás, la oración era el máximo reclamo. El amanecer fue siempre mi momento predilecto y la primera luz de cada día me encontraba arrodillado y sumergido en mi deleite: Hablar con Dios y dejar que Él me hablara.

En el último tiempo, sin embargo, demasiadas obligaciones habían desplazado ese íntimo placer.

Mi tiempo de oración lo llenaba ahora la organización y la búsqueda de inspiración cedió su espacio a la planificación. Lo curioso es que todo tenía que ver con la obra de Dios, pero no tanto con el Dios de la obra. Tan ocupado estaba en servirle que no me quedaba tiempo para hablarle.

Seguía «cocinando» para Dios, pero había sacado a Dios de la cocina.

Sin apenas darme cuenta, había dejado de ser siervo de Dios para convertirme en ejecutivo de iglesia.

Un directivo de agenda abierta y Biblia cerrada muy ocupado.

Hubo un tiempo en el que servir era un privilegio... no hoy.

Ahora terminaba muchas de mis jornadas, no solo cansado, sino sobre todo insatisfecho y cada vez más decepcionado.

María lo notaba y anhelaba, aun más que yo, la llegada del siguiente lunes.

—¿Volverás el próximo lunes? —me había preguntado mi viejo pastor, al despedirnos.

—¿Puedo? —inquirí con anhelo—. ¿No le importa que regrese?

—Te lo ruego.

Enfatizó sus palabras con la presión de su mano sobre mi hombro.

Llegado el día, me paré frente a la puerta azul con la expectación del enfermo que va a cruzar el umbral del hospital, anhelante de la terapia sanadora.

—¡Bienvenido!

La perenne sonrisa en el rostro de Raquel parecía cincelada por una mano que al grabarla lo hubiera impregnado todo de gozo. Sus ojos sonreían. Parecía que, en lugar de para ver, los tuviese para iluminarle la cara, confiriéndole una mirada absolutamente confiada y totalmente confiable. —Pasa —me dijo—. Hace mucho calor fuera.

—¿Qué tal están? —dije, preguntando indirectamente por mi viejo pastor.

El no verlo me pareció extraño.

—Bueno —una leve sombra atenuó el brillo de su rostro, pero enseguida se rehizo—. Estos días ha estado un poco pachucho, pero no parece que sea nada serio...

—No quisiera ser molestia —me detuve sin llegar a entrar—. Si no se encuentra bien puedo volver otro día.

—No, por favor —me dijo, agarrando mi brazo—. Tu visita le hará bien. Ven. Está en su cuarto.

Fue delante, abriendo el camino.

Un cuadro de color llamativo, en el que no había reparado el día anterior, atrajo mi atención:

—¿Qué es esto? —me atreví a preguntar.

Raquel lo descolgó.

—Es una fábula que le encanta a mi esposo —rió—. Ya sabes lo aficionado que es a las historias.

—¿Me permite leerlo?

—¡Claro! —dijo, entregándomelo.

El texto estaba escrito en letras blancas sobre un fondo que simulaba el cielo:

Un turista, de visita en una pequeña aldea, acudió a la casa de un renombrado sabio y se sorprendió al ver que vivía en un cuartito muy simple y lleno de libros. Las únicas piezas de mobiliario eran una cama, una mesa y una silla. ¿Dónde están sus muebles?, preguntó el turista. ¿Y donde están los suyos?, replicó el sabio. ¿Los míos? respondió el turista, sorprendido. ¡Yo estoy aquí solo de paso! Yo también, dijo el sabio.

—Es una gran verdad —reconocí, devolviendo el cuadro a Raquel.

—Y un lema en nuestra vida —agregó ella—. Siempre hemos evitado tener un lastre excesivo. Tú ya sabes que tener pocas cosas ayuda a partir.

—Es cierto —afirmé—. Para alzar el vuelo es preciso poco equipaje. Demasiadas posesiones pueden pesar en exceso para aquel que quiere visitar las alturas. Henry Van Dyke dijo algo que coincide: *La felicidad es interior, no exterior; por lo tanto, no depende de lo que tenemos, sino de lo que somos.*

Me miró reflexivamente, con simpatía que sentí sincera. Sonrió de nuevo y me dijo:

—Mi marido y tú estáis hablando de la cruz, ¿no es cierto?

—Así es.

—¿Te has parado a pensar —me preguntó— en cuantas cosas caben en la cruz?

Medité un momento; luego respondí:

—Como su esposo me dijo el otro día: «Él... solo Él... nadie más y nadie menos que Él».

—Y, sin embargo —sentenció—, no hay mayor riqueza que la contenida en la cruz. ¡Qué pocas cosas son necesarias para vivir plenamente!, ¿verdad? Creo que fue Benjamín Franklin quien dijo que la felicidad no se logra con grandes golpes de suerte que pueden ocurrir pocas veces, sino con pequeñas cosas que ocurren todos los días.

—Es cierto —admití—. Como lo son las palabras de León Tolstoi al reconocer: Mi felicidad consiste en que sé apreciar lo que tengo y no deseo en exceso lo que no tengo.

—Buen pensamiento —dijo Raquel mientras devolvía el cuadro a la pared.

Luego caminó delante, abriendo enseguida la puerta del despacho.

Mi viejo pastor estaba orando, con sus dos rodillas perfectamente encajadas en las marcas de los almohadones.

Al sentir la puerta se giró.

—¡Oh! —se incorporó trabajosamente y con cierto rubor.

Casi se sonrojó, adoptando un gesto tímido y deliciosamente infantil, como si hubiera sido sorprendido haciendo algo indebido.

—Discúlpame, no sabía que ya era la hora, ni tampoco te oí llegar.

—No se preocupe —le dije, acercándome para abrazarle—. Estaba usted entregado a una digna ocupación. ¿Cómo se encuentra?

Mantuve mi mano sobre su hombro que me pareció un poco abatido.

—Raquel me ha dicho que estos días ha estado algo indispuesto.

—No es nada —sonrió—. Ya sabes, a estas edades todo se vuelve achaques.

—Os traeré café —dijo ella, encaminándose a la cocina.

—Para mí una infusión —dijo él—. Una manzanilla, por favor.

Se recostó en su sillón y me indicó con la mano que me sentara.

—¿Y bien? —se inclinó y palmeó mi rodilla—. ¿Cómo fue la semana?

—El lunes salí de esta casa renovado —respondí—. Fue increíble el apropiarme de las verdades que usted me ha enseñado, pero el miércoles la sensación se había diluido, supongo que a causa de las prisas y los asuntos urgentes.

AFILA EL HACHA

Tras una pausa reflexiva me enfocó con un gesto algo parecido a la solemnidad y su voz rompió el charco de silencio que se había creado entre los dos:

—La cuestión es que el lunes pasado tomaste una porción, pero debes alimentarte cada día, rellenar el depósito y renovarte.

—¿Cómo puedo hacerlo?

—No conozco mejor fuente de recursos que la comunión con Dios —hablaba con una seguridad irrebatible—. Cada minuto en su presencia recarga nuestras baterías y nos hace más fuertes.

—No es fácil —confesé—. Son tantas las cosas por atender que no alcanzo a todas.

Pensé en María. En el escaso tiempo que le dedicaba y en el desamparo al que a veces la tenía sometida.

—Hay demasiados frentes por cubrir. Si usted viera mi agenda...

Mi viejo pastor prefirió ignorar los sesgos de prepotencia que, casi inconscientemente, había incorporado en mi discurso e hizo un gesto de asentimiento y comprensión.

—No sé muy bien por qué —dijo—, pero hoy no podía quitarme de la cabeza a mi buen amigo Felipe.

—¿Felipe?

Salvo al discípulo de Jesús, no recordaba conocer a nadie que tuviera ese nombre, y por más años que tuviera mi viejo pastor, no le hacía contemporáneo del apóstol.

—Formamos parte de la misma promoción en el instituto bíblico —me explicó—, aunque él destacó mucho más que yo y su carrera fue meteórica. Era un tipo increíble; un verdadero compendio de capacidades ungido con auténtico carisma. Ascendió con fluidez imparable, como si siempre hubiera estado predestinado a la cumbre que al fin logró alcanzar. Dedicó sus mejores años a formar una próspera iglesia y a hablar sobre la vida espiritual en grandes convenciones por todo el mundo.

El anciano hizo una pausa, creo que forzado por la tristeza. Después continuó:

—Poco a poco fue perdiendo contacto con su familia; su esposa se volvió indiferente y reservada. Al creer que Dios y la iglesia le habían robado a su marido, se sintió muy ofendida con ellos. Un día Felipe, mi amigo, se envolvió en una aventura, tan apasionada como lamentable, con su joven secretaria. Cuando lo confronté, me dijo con tristeza: «Me agotó el trabajo que hice para Dios. La sobrecarga de actividad me tenía débil y muy bajo de defensas; cuando llegó la tentación no tuve fuerzas para resistir. Yo no podía creer lo que había hecho. No podía creerme que me hubiera enredado con otra mujer... creo que el ministerio se había convertido en un negocio y Dios estaba muy distante».

Mi viejo pastor había cerrado los ojos y su gesto era una mueca de dolor. El mío debía serlo de estupor. No obstante, continuó con su relato:

—Cuando su esposa supo de la aventura amorosa, lo abandonó. En su oficina y entre lágrimas él se lamentaba: «Lo daría todo por volver atrás. Enfoqué mi esfuerzo en lograr el éxito en el ministerio y descuidé mi relación con el Dios a quien servía y con mi familia, que debía acompañarme en ese servicio».

Me mantuve en silencio. La historia era sobrecogedora y dolorosamente didáctica. Ni siquiera me di cuenta de que su mirada estaba fija en mí, hasta que escuché su voz:

—¿Cuánto tiempo dedicas a la oración?

La pregunta fue directa, casi impertinente. Confieso que me incomodó.

—Bueno...

No quería mentirle, pero la realidad se me antojaba dura y un poquito vergonzosa.

—Hago lo que puedo...

Supo traducir mi respuesta camuflada e interpretar que mi vida de oración agonizaba. Tal vez fuera ya un cadáver.

—Nada —y volvió a repetirlo con una lentitud desquiciante, marcando cada sílaba—, absolutamente nada es tan importante como para tomar nuestro tiempo con Dios. Ese tiempo nos mantiene sensibles. Nos prepara, nos afina y condiciona el desarrollo de nuestra vida.

Sentencias tan rotundas y cargadas de razón me hicieron poner a la defensiva.

—Quisiera tener tiempo para orar —era sincero en lo que le decía—, pero hay muchos frentes que cubrir.

—*Había un leñador que se presentó a trabajar en una industria maderera...*

Mi viejo pastor acababa de iniciar una de sus historias sin previo aviso y yo me dispuse a escuchar con la máxima atención.

El sueldo era bueno, y las condiciones de trabajo también, así que el leñador se propuso hacer un buen papel. El primer día se presentó al capataz, que le dio un hacha y le asignó una zona del bosque. El hombre, entusiasmado, salió al bosque a talar y en un solo día cortó dieciocho árboles. «Te felicito», le dijo el capataz. «Sigue así».

Animado por las palabras del capataz, el leñador se decidió a mejorar su propio trabajo al día siguiente. Así que esa noche se acostó muy temprano y a la mañana siguiente se levantó antes que nadie y se fue al bosque. Trabajó muy duro, pero no consiguió talar más que quince árboles. «Debo estar muy cansado», pensó; y decidió acostarse con la puesta del sol. Al amanecer, se levantó decidido a batir su récord de dieciocho árboles. Sin embargo, ese día no llegó a talar ni la mitad de esa cifra. Al día siguiente, fueron siete, luego cinco y el último día estuvo toda la tarde tratando de talar su segundo árbol. Inquieto por lo que diría el capataz, el leñador fue a contarle lo que estaba pasando y a prometerle que se estaba esforzando al máximo. El capataz le preguntó: «¿Cuándo afilaste tu hacha por última vez?» «¿Afilar el hacha? No he tenido tiempo, he estado demasiado ocupado talando árboles».

Guardó un silencio breve, después del cual concluyó:

Cuando el hacha pierde su filo tendremos que invertir el doble de energía para obtener la mitad de resultado. [1]

Hablaba con una mezcla de determinación y ternura que impregnaba de convicción cada una de sus palabras.

—A veces lo más sabio es detenerse, interrumpir la tala y afilar el hacha. Así, la mitad de esfuerzo reportará el doble de resultado. La oración; la conversación con Dios y la comunión íntima con Él son el procedimiento mediante el cual nuestra hacha renueva su filo.

—¿Está invitándome a abandonar mis obligaciones para pasarme el día arrodillado?

Aun hoy me sorprendo de la insolencia con que lo interpelé.

—De ninguna manera.

Lo dijo con determinación pero sin un ápice de dureza.

—No se trata de descuidar nuestras responsabilidades, sino de impregnarlas en oración.

Se echó hacia atrás cerrando un instante los ojos y, sin abrirlos, continuó:

—Podemos trabajar sin orar, o podemos hacerlo mientras oramos, empapando cada espacio, cada cita y cada actividad con la presencia de Dios. Eso convierte el trabajo en servicio y transforma lo activo en efectivo.

Abrió los ojos y puso su mano sobre mi hombro para garantizar mi atención.

—Sirve mientras oras y ora mientras sirves. La aparente inactividad de la oración libera una poderosa actividad. Los minutos con Dios hacen rentable cada segundo de nuestra vida. Enfócate en Dios antes y más que en los hombres, de ese modo cuando te presentes ante ellos tendrás tesoros para compartir, y esos son los que valen, hijo.

Volvió a emplear ese íntimo título que tanto me gustaba.

—Las riquezas tomadas del corazón de Dios, las sentencias escuchadas de su boca, los proyectos que Él nos comparte en la intimidad... esos son los que transmiten vida y marcan la diferencia.

—Bueno —reconocí—. Eso tiene más sentido. Se trata de hacerme acompañar por Dios en cada actividad que desempeñe. Hablar con Él y encomendarme a su gracia en cada momento.

Mi viejo pastor me miró con tanta fijeza que me hizo estremecer.

—Con demasiada frecuencia —prosiguió— los que servimos a Dios confundimos éxito con victoria. Buscamos alcanzar grandes logros y nos olvidamos que Dios nos ama por lo que somos, no por lo que hacemos. Si la iglesia que hoy pastoreas creciera hasta ser la más grande del mundo, no por eso Dios te amaría más... pero si esa iglesia hubiera de cerrarse por falta de asistencia, no por eso te amaría menos. Enfocándonos en el éxito lo confundimos con victoria. Cristo no vivió obsesionado por reunir multitudes, y cuando las tuvo las confrontó de tal modo que muchos se fueron. ¿La cruz? Al pie de ella hubo un puñado de personas y sobre ella no apreciamos muestras de éxito; sin embargo, la cruz fue la victoria más grande que jamás nadie haya alcanzado. El éxito es un término del mundo de los negocios; la victoria es un término de combate.

Se inclinó hacia mí como siempre que quería asegurarse mi máxima atención.

—No estamos implicados en un negocio, sino en una guerra. Y Dios ama a sus soldados, mucho más que a los resultados.

Mi atención era total, y debió percibir mi deseo de seguir escuchando, por lo que añadió:

—Te contaré una historia.

Dejó su Biblia sobre la pequeña mesa que había al lado del sillón y se rebulló en el asiento.

Había una vez, cerca de un río, un árbol que quería mucho a un niño. El muchachito solía ir a visitarlo: trepaba por el tronco, se balanceaba en las ramas, comía sus frutos y después descansaba a su sombra. Tras una larga relación de amistad, el niño se alejó, dejando al árbol solo durante mucho tiempo. Hasta que, un buen día, el árbol vio que a lo lejos se acercaba la figura del pequeño. Rebosante de alegría, le dijo: Ven, amigo mío, súbete a mi tronco, balancéate en mis ramas, come mis frutos, descansa a mi sombra; quédate conmigo. El niño, que ya se había convertido en un joven, le dijo: Ya no soy un niño para jugar. Ahora he crecido y necesito dinero para comprar muchas cosas. Lo siento —se lamentó el árbol—, no tengo dinero, pero si quieres, puedes trepar a mis ramas y recoger mis frutos. Podrías llevarlos al mercado y venderlos y así obtendrías el dinero para comprar lo que quieres. El joven no se lo dejó decir dos veces. Subió al árbol y recogió todo el fruto. Semiaplastado por la carga, desapareció en el horizonte sin dejarse ver más. El árbol permaneció solo por mucho tiempo. Varios años más tarde vio que se acercaba su viejo amigo, ya convertido en un adulto. Lleno de alegría, le dio la bienvenida: Ven, amigo mío. Juega conmigo como lo hacías antes. Encarámate a mi tronco, balancéate en mis ramas… quédate conmigo. No —respondió el adulto—. Estoy demasiado ocupado para jugar. Ahora quiero formar una familia y tener hijos, pero necesito construir una casa donde vivir. Lamento —dijo el árbol— no tener una casa para ti. Mi casa es el bosque. Pero, si quieres, puedes subir a mi tronco y cortar las ramas. Con ellas podrías construir una casa donde vivir con tu familia. La respuesta no se hizo esperar. El adulto desapareció en el horizonte arrastrando tras sí una montaña de ramas, y no se dejó ver más. El árbol se quedó solo de nuevo. Hasta que, muchos años después, divisó a lo lejos la figura de un hombre y reconoció a su viejo amigo. De nuevo se llenó de alegría. ¿Vienes esta vez para quedarte? Descansa a mi sombra. Quédate conmigo. No —le dijo el hombre—. Me siento muy solo y quiero ir a un país lejano para conocer nuevas personas. Pero no tengo medios para viajar. Lamento que no seas feliz —le dijo el árbol—. No sé muy bien cómo ayudarte, porque ya queda poco de mí, pero si quieres puedes cortar mi tronco y convertirlo en una canoa. Aquí cerca pasa un río que puede llevarte a la tierra donde encuentres la felicidad. El hombre no podía creer que hubiera encontrado una solución a su sueño. Se puso a trabajar, construyó la canoa e inició su viaje. El tocón que había quedado del árbol permaneció solo durante muchos y largos años. Hasta que un buen día observó cómo, a lo lejos, se acercaba lentamente un anciano. Cuando estuvo cerca observó en aquel semblante algunos rasgos del niño de antaño. Con voz triste, el mínimo tronco susurró: Lo siento, amigo mío, pero ya no tengo nada que darte. No tengo frutos con los que alimentarte, ni tronco para que te encarames a él, ni ramas para que te balancees. Te lo agradezco —repuso el anciano—. Pero ya no necesito nada. Solo busco un lugar donde sentarme y descansar. En ese caso —respondió el tocón con alegría—. Siéntate sobre mí y descansa. Y el anciano, ahora sí, se quedó con el árbol y encontró descanso. [2]

—¿Te ha gustado? —me preguntó mi viejo pastor con cierta timidez.

—La verdad es que no me cae nada bien el individuo de la historia.

—¿Crees que se merecía lo que el árbol le dio?

—De ninguna manera —repliqué resueltamente.

—Eso es gracia —afirmó—. Un regalo inmerecido. La esencia de esta historia es que Él anhela la comunión con nosotros. Nuestro énfasis es «hacer para Dios» pero Él no nos ama por lo que hacemos, sino por quienes somos. Dios no está enfocado en nuestra productividad, sino en nuestra vida. Ama la comunión mucho más que la producción. Antes que siervos prefiere amigos. Dios mira con más agrado las manos limpias que las llenas. ¿Recuerdas las palabras de Jesús?: «Ya no os llamaré siervos, sino amigos». Un tiempo balanceándonos en sus ramas o sentados a su sombra es milagroso para nosotros y delicioso para Él. Demasiadas veces vemos a Dios como un jefe exigente que aguarda resultados, pero él es un padre amoroso, en circunstancia que es un padre amoroso que disfruta en retozar con sus hijos sobre la alfombra y reírse con ellos hasta que le duela el vientre. Es incomprensible, pero posible.

Calló un instante y volvió su rostro hacia mí.

—Estar tan cerca de Dios como lo estuvo su madre, María: ver a Dios trabajar, sudar, comer, sonreír o llorar; olerlo, tocarle las callosidades de sus manos de carpintero. Y saber que Él es el Mesías. El gran *kirios, Señor de señores*. No te quepa la menor duda. Dios ama la comunión mucho más que la producción.

TODO ES POR GRACIA

—¿De dónde sacaría el árbol las fuerzas para dar una y otra vez? —pregunté sin poder sacudirme un sentimiento de antipatía hacia aquel hombre y de compasión hacia el árbol.

—El hombre codiciaba los beneficios del árbol —me dijo— pero el árbol anhelaba la compañía del hombre y para lograr esa comunión lo entregó todo.

—¡Eso es amor! —concluí.

—Gracia es amor en acción —sentenció—. El árbol amaba, por eso dio, no solo lo que tenía, sino lo que era. Se dio a sí mismo. Es posible dar sin amar, pero es totalmente imposible amar sin dar.

—Y finalmente —interrumpí— el hombre solo encontró descanso reposando en ese árbol.

—¡Exacto! Y ese es, también, el mensaje de la cruz —sentenció mi viejo pastor—. Podemos acercarnos a ella buscando beneficios, pero el verdadero bien no está en visitarla, sino en quedarnos.

Raquel entró para ofrecernos un café.

—¿Cómo va la tarde? —se interesó—. ¿Tenéis una conversación constructiva?

—Bueno —repuso el anciano pastor— aquí estoy, aburriendo a nuestro amigo con mis historias.

—No, por favor —repliqué—, me encanta oírle.

—¿Te encanta? —rió Raquel—. Pues ahora no te quedará más remedio que escucharme a mí.

Así que Raquel tomó asiento dispuesta a iniciar su relato y yo me acomodé en mi silla, preparado para disfrutarlo.

Un sabio griego hacía exploraciones por la tierra. Se sentía satisfecho y orgulloso de sus conocimientos de filosofía y ciencia. En una ocasión tuvo que pasar un río y subió a una barca. El viejo barquero movía acompasadamente los remos y miraba distraído las aguas. Entonces el sabio le preguntó: «¿Sabes astronomía?» «No, señor». «Pues has perdido la cuarta parte de tu vida». «¿Sabes filosofía?» «No, señor». «Pues has perdido otra cuarta parte de tu vida». «Sabrás, al menos, historia antigua». «No, señor». «Pues has perdido otra cuarta parte de tu vida». En ese momento, un golpe de viento zarandeó bruscamente la barca volcándola. Los dos hombres cayeron al agua. El barquero nadó ágilmente hacia la orilla. Una vez allí observó al sabio braceando con desesperación en el agua. El río bajaba muy crecido y la corriente era fuerte. «¿Sabe usted nadar, amigo sabio?» «¡No!», gritó desesperado. «¡No sé nadar!» «Pues ha perdido usted toda su vida...»[3]

—Es una historia genial —aplaudí.

—Y encierra una verdad enorme —aclaró Raquel, muy halagada—. El ser humano vive preocupado por un montón de cosas, cuando solo unas pocas son realmente necesarias.

Una suave brisa agitaba mi cabello y mecía las ramas más altas de los árboles cuando salí de la casa. También cimbreaba los largos tallos del rosal, en uno de los cuales se exhibían, frescas y lozanas, las rosas rojas de los primeros días, junto a una nueva flor que comenzaba a abrirse, insinuando, apenas, unos pétalos grana.

Los acaricié mientras susurraba: *Gracia es recibir lo que no merecemos; misericordia es no recibir lo que sí merecemos.*

Volví a casa recordando las reflexiones con las que mi anciano pastor apuntilló la historia de Raquel.

«Tienes razón», le había dicho, «solo unas pocas cosas son realmente vitales. Lo peor es que esas pocas cosas no se encuentran entre las prioridades de la mayoría».

«¿Dónde las encuentra usted?», quise preguntarle, aunque conocía la respuesta.

«Sólo una cosa es necesaria... y María ha escogido la buena parte».

Mi viejo pastor había citado el episodio de Marta y María que se puede leer en el capítulo 10 del Evangelio según San Lucas.

«Estar a los pies de Jesús», aventuré, «esa es la prioridad, ¿no es cierto?»

Asintió varias veces con la cabeza y luego concluyó.

«Contemplarle... escucharle... Eso es auténtico deleite».

Ese fue su gran acierto —pensaba yo ahora—, su sabia elección y la razón de que aquel hombre y su esposa desprendieran genuina vida por cada poro de su piel.

Casi sin darme cuenta retrocedí de nuevo hasta la puerta azul y posé mis ojos en el rosal. Nunca había visto rosas tan duraderas, ni tampoco tallos que sostuvieran flores tan distintas. Estaba convencido de que en aquellas flores había un mensaje, pero no quise precipitar la resolución del enigma.

Había luna nueva que se traducía en oscuridad casi absoluta, pero la sombra de abajo agigantaba las luces de arriba, permitiéndome ver un cielo tachonado por miles de estrellas y de una belleza extasiante. Cada punto brillante en el firmamento se me antojaba una gema en la que Dios me declaraba su amor.

La clave —me había dicho mi viejo pastor en la despedida—, *no es en qué sirves, sino a quien sirves. Tienes dos opciones: Servir al Señor o trabajar en la iglesia. No es lo mismo* —y negó con la cabeza de forma resuelta—, *ni siquiera es parecido. No trabajes para Dios, trabaja con Dios. Y esa intimidad* —cerró sus ojos como saboreándola con deleite— *te renueva y estimula de forma extraordinaria. Trabajar para Dios te convierte en empleado de iglesia, pero servir con Dios te hace colaborador de Aquel a quien amas. Estás enamorado de Él y no quieres, ni siquiera concibes, vivir para otro ni gastarte en otra causa. En ese momento ya no solo estarás activo, además serás efectivo.*

Regresé a casa caminando muy despacio pero con el corazón latiendo acelerado. Pensé en Dios y descubrí que le amaba. Luego pensé en servirle y no me embargó el estremecimiento medroso de días atrás.

La sensación, ahora sí, era muy parecida a la del tiempo de mi primer amor.

Cerré mis ojos y adoré. Pensé en la cruz, símbolo de su amor.

Me sentí libre y perdonado. Durante un segundo eterno, experimenté la felicidad pura que parece para siempre.

Enseguida reí y lloré como un enamorado.

CUARTO LUNES

«...ámalos. Aun a los que te aborrecen... especialmente a ellos, porque quienes menos lo merecen son los que más lo necesitan».

La semana estuvo marcada por la puesta en práctica de los consejos de mi viejo pastor, y ¡vaya que funcionó!

El almohadón que usaba como reclinatorio ya no volvía al armario sino que reposaba en el suelo, junto a mi silla.

Cuando María se iba a la oficina, yo me postraba hasta la hora de acudir a la mía. Allí, sobre mis rodillas, sentía que mis sentimientos se ordenaban y también lo hacía mi día.

Ese tiempo no se caracterizó por experiencias sobrenaturales, ni estremecimientos o escalofríos... pero era un momento sagrado que le daba sentido a todo y condicionaba el desarrollo de cada jornada.

El miércoles María no dudó en reconocerlo:

—Cariño —me dijo—. Te noto cambiado, mucho más sereno y feliz.

La estreché entre mis brazos besándola con ternura. Estar más cerca de Dios había renovado mi amor por Él, y eso afectaba al resto de mis relaciones: Trataba a mi esposa de diferente manera y en general observaba la vida de una forma muy distinta. Descubrí que vivir enamorado de Dios es como situarse en un elevado mirador que da una perspectiva diferente de todo y de todos.

Pero por desgracia la vida no tiene solo luces sino que también hay sombras, y el mejor momento en la vida de una persona... de cualquier persona, resulta, muchas veces, lamentablemente corto. ¿Quién, de poderlo hacer, no lo duplicaría, multiplicaría, alargaría hasta el infinito?

Ese hubiera sido mi deseo con las sensaciones que me embargaron durante toda la semana, y habría llegado exultante a mi siguiente lunes de no ser por la terrible decepción que sufrí el viernes por la noche:

El teléfono sonó mientras cenábamos. Mi esposa fue a contestar.

Poco después regresó.

Comenzaba a anochecer, pero de golpe cayó toda la oscuridad sobre nosotros. María venía demudada. Sostenía en su mano el auricular inalámbrico.

Su aspecto me alarmó. Estaba blanca como la cera y su gesto denotaba auténtico dolor.

Preocupado, tomé el teléfono y me identifiqué. La voz que respondió chorreaba amargura.

Se trataba de una persona cercana a la que en el último tiempo habíamos notado extraña y que ahora, sin molestarse en saludar, volcó a través de la línea telefónica toda su indignación, eligiendo para ello las palabras más hirientes e insultantes. Primero lo había hecho con mi esposa, dejándola en un estado lamentable y ahora se despachaba conmigo, obligándome a escuchar una sarta de acusaciones injustas que fueron rematadas con un: «Ni a mí ni a mi familia volváis a dirigirnos la palabra».

Cuando terminó de vaciarse, sin darme opción de replicar ni despedirse, colgó. Quedé petrificado.

Miraba el microteléfono que había sido conducto para que me alcanzaran los dardos envenenados que se hincaron en mi alma, y lo que era peor, también en el alma de mi esposa.

La miré.

El rostro de María era una mueca de estupor. En sus ojos, fijos en los míos, pude leer muchas preguntas: «¿Por qué?» «¿Por qué nos ha ofendido?» «¿Por qué nos está acusando?» «¿Por qué nos insulta?» «¿Por qué...?» «¿Por qué?» «¿Por qué?» «¿Por qué?»

María se dejó caer en el sillón y yo colgué por fin; tomé asiento frente a ella, que había enterrado su rostro entre las manos y lloraba.

Quise decirle muchas cosas, pero no se me ocurrió ninguna.

Deseé con todas mis fuerzas transmitirle palabras de ánimo, pero no tenía palabras, ni ánimo tampoco.

Pasé de la indignación al abatimiento; de repente, me sentí muy cansado. Decaído, miraba al suelo. Ella seguía llorando.

Sobre la mesa, la cena se enfriaba.

Entonces mis ojos se encontraron con la cruz que presidía el salón de nuestra casa; una cruz vacía pero repleta de mensajes. En ese momento, la cruz solitaria comenzó a hablarme de las injurias que sufrió aquel que la estrenó.

Injusticia sería la palabra que definiría la razón que le alzó hasta aquel pretorio. Injusto el trato que recibió y cada golpe que le fue aplicado. Injustos los martillazos sobre los clavos que perforaron su cuerpo. Injustos los insultos y salivazos... todo fue injusto.

Hasta injusto resultó el mensaje que brotó de los labios del injustamente ajusticiado: *Perdónales...*

Lo justo habría sido fulminarles...

Pero aquella historia no iba de justicia... sino de misericordia.

Perdónales... —meditaba en ello y me conmovía—. Perdónales... perdónales...

Y de repente me descubrí abrazando a mi esposa y susurrándole al oído: «Perdónales... perdónales... perdónales...»

Mi mejilla húmeda estaba pegada a la suya, también empapada... y mis ojos permanecían fijos en la cruz mientras mi corazón recibía el mensaje: Perdónales... la palabra, repetida mil veces, inyectó paz en mi alma... Perdónales.

UN EXTRAÑO CUADERNO

Pero debo confesar que aquella noche apenas dormí. En cuanto cerré mis ojos el episodio del teléfono resurgió asomándose tercamente al balcón de mi memoria. El eco de las ofensas resonaba en mi mente con tal intensidad que me atronaba.

La noche fue larga y difícil. La cabeza, ingobernable, se me escapaba hacia cielos negrísimos de reproches y amargura. Me esforzaba por traerla hacia abajo, de regreso a la tierra del perdón... me esforzaba, pero no lo conseguía.

Me levanté, harto de dar vueltas, mucho antes de que amaneciera, y mientras mojaba mis ojos hinchados por la falta de sueño, me miré en el espejo y vi que en algún lugar de mi alma se había levantado un muro de rencor.

Me di cuenta de que con rencor no podía servir; y pensé que era mejor dejar de servir...

Y la angustia, entonces sí, me arañó las tripas.

La visita a mi viejo pastor apareció como un faro entre las enormes olas de un mar turbulento, y arrastré mi maltrecho buque hasta la puerta azul de aquel refugio.

—¡Hola! Pasa, por favor. Él está descansando —me dijo Raquel con una mirada que suplicaba disculpas—. ¿Quieres tomar algo mientras se despierta?

Noté en sus ojos un toque de tristeza; algo inusual, como lo era también que mi viejo pastor durmiera a esas horas.

—No, Raquel, muchas gracias —señalé al jardín primorosamente cuidado—, pasearé un poco por aquí. Por cierto, está precioso, ¿lo cuida usted?

—Hago lo que puedo —dijo con modestia—. Las plantas son muy agradecidas y el jardín es pequeño. No me cuesta demasiado mantenerlo así.

Estuvimos un buen rato recorriéndolo, mientras me explicaba las características y detalles de cada una de las plantas.

—Bueno —me dijo finalmente—, creo que es tiempo de despertarle; si no, esta noche no pegará ojo.

La seguí, y mientras cruzábamos el salón, un cuaderno más grande que lo regular, abierto sobre la mesa, atrajo mi atención. En un arranque de osadía, le pregunté:

—¿Qué es esto?

—Es su cuaderno de oración —me respondió y rió al añadir—: Un cuaderno de oración muy especial. Guarda en él un registro de aquellas personas que más nos han ofendido durante el ejercicio de nuestro ministerio y casi a diario oramos por cada uno de ellos. Mi marido siempre dice que quienes más nos hieren son los que más necesitan a Dios, por eso redoblamos la oración por ellos. Además, dice que al orar por sus ofensores le resulta imposible albergar hacia ellos malos sentimientos. En la oración, me dice siempre, *el rencor que quiere brotar muere antes de nacer y, en su lugar, surge un amor dulce y disculpador.*

Miré aquel cuaderno con embeleso mientras la imagen de mi esposa, derrumbada en el sillón y con el rostro enterrado entre sus manos, se mecía en la superficie de mi conciencia.

Raquel añadió:

—Lo cierto es que me costó bastante admitir eso de orar por quienes nos hacían daño, pero cuando logré hacerlo me di cuenta de que funcionaba...

—¡Vaya, vaya!

La voz de mi viejo pastor nos sobresaltó a ambos, haciéndonos girar la cabeza.

—Así que estáis hablando sobre mi cuaderno de oración...

—¡Hola! —le dije, abrazándolo como cada día. Lo noté algo más abatido—. Disculpe mi atrevimiento. Vi este cuaderno y le pregunté a Raquel por él. Lo cierto es que me ha impresionado su ocurrencia de guardar un registro de oración de todos aquellos que les han herido.

—¿Te extraña? —adoptó un tono de voz más grave de lo habitual—. Muy pronto me di cuenta de que el día que dejase de amarles tendría que dejar de servirles.

Fue rotundo en eso.

—Es imposible servir con el espíritu adecuado a aquellos a quienes no amas. Ministrar con rencor es matarles.

Se detuvo, pero solo un instante, para luego recalcar, marcando las sílabas con movimientos de su dedo índice:

—Las palabras pronunciadas desde el estrado de las heridas son flechas envenenadas, y las acciones ejecutadas desde el resentimiento son dardos emponzoñados.

Abrí el cuaderno y dejé que las hojas resbalaran entre mis dedos. Había decenas de folios escritos. Infinidad de nombres se fueron sumando a la lista a lo largo de los años. Nombres de ofensores que a cambio de su daño recibieron bendición.

La voz grave del anciano me sobresaltó:

—Te herirán, no lo dudes, y herirán a los tuyos, pero cuando eso ocurra no vuelques tu indignación sobre las personas. Acércate a Dios, habla con Él acerca de ello e imprégnate de ese sentimiento que hizo que Jesús amara a quienes le agredían, humillaban y que finalmente le asesinaron. Mira la cruz. Nadie amó tanto como Dios, y nadie fue más odiado que Él.

AMA HASTA QUE EL CORAZÓN TE DUELA

Permanecí unos segundos meditando en sus palabras: *Te herirán, y tal vez hieran a los tuyos... no vuelques tu indignación sobre las personas. Imprégnate del sentimiento que permitió a Jesús amar aún a quienes le torturaron. Mira la cruz. Nadie amó tanto como Dios, y nadie fue más odiado que Él.*

—Yo no soy Dios.

La insolencia de mi respuesta solo pudo deberse a lo sensibilizado que estaba por lo vivido esa semana. Para suavizar la tensión añadí una coletilla:

—Me resulta muy difícil amar a los que nos hieren tan injustamente.

Me miró un poco sorprendido por lo vehemente de mi reacción, y sonrió antes de interrogarme:

—Ha ocurrido algo, ¿no es cierto?

Agaché la cabeza y con mi mirada fija en el suelo expliqué:

—Esta semana hemos sido tratados de manera muy injusta. Yo quedé muy abatido, pero María aún sigue en un estado lamentable.

Raquel, muy prudente, se disculpó alegando obligaciones, mientras mi viejo pastor ponía su mano sobre mi hombro y me señalaba el camino hacia su despacho.

—Mira —me dijo, tomando asiento en su sillón; yo lo hice frente a él—. Servir a los demás implica abrir el corazón y amar; eso nos hace vulnerables. Cuanto más amas, más te expones, porque amar es poner nuestro corazón como diana de aquellos a quienes amamos. Y amar es también perdonar.

Aquellas palabras encerraban verdades enormes, pero más enorme me pareció la decepción que albergaba, y que sumada a los sentimientos de las últimas semanas, me tenía casi a la deriva.

—Llevo varias noches descansando muy mal —le dije. Y añadí—: En los desvelos me siento acosado por pensamientos terribles. De hecho, tuve tiempo para decidir varias veces que no vale la pena seguir pastoreando esa iglesia. Creo que no les amo... ni ellos a mí tampoco... Estoy dañando a mi esposa al obcecarme en cumplir unas funciones para las que no valgo... para las que probablemente ni siquiera fui llamado... realizo una labor que podría cumplir, seguro que con ventaja, cualquier otro. Solo quiero estar bien con Dios, estar bien con la gente, estar bien con mi esposa. ¡Solo quiero estar bien! —repetí, más alto de lo necesario—... y no me sale.

Como un eco a la tempestad de mi alma, en el jardín se levantó un repentino y potente vendaval. Los árboles se agitaban y la enorme encina, sacudida por sucesivas ráfagas de viento, liberó una espesa lluvia de hojas.

—Pobre Raquel —se lamentó mi viejo pastor contemplando el suelo donde las hojas se revolvían sacudidas por el viento—. Ayer pasó toda la tarde barriendo el jardín y fíjate como se ha puesto en un momento.

—Cuanto lo siento —repliqué con escaso interés, sorprendido de que algo tan trivial relegara mi enorme problema.

—¿Serías tan amable de barrer ese estropicio?

Le miré. Ahora mi sorpresa se tornaba en perplejidad.

—¡Claro! —dije, no obstante, agarrando el escobón que él me había señalado y dirigiéndome al exterior.

Cuando conseguía amontonar unas pocas hojas, un nuevo soplo las levantaba todas.

Después de quince minutos no había sido capaz de limpiar absolutamente nada.

Mi viejo pastor me observaba divertido, como disfrutando con mi desconcierto y mi creciente nerviosismo. Finalmente me hizo señas con la mano, pidiendo que me acercara.

—Pasemos de nuevo al despacho —me dijo—. Este viento resulta hasta frío.

Fue delante de mí y enseguida estuvimos sentados, frente a frente.

—No pudiste hacer mucho, ¿verdad?

—Hasta que no pare el viento será inútil intentar recoger esas hojas.

—¡Exacto! Es lo que quería que aprendieras: Hasta que no pare el viento es mejor no tomar decisiones para reorganizar nuestras vidas.

—¿A qué se refiere?

—Agustín de Hipona lo dijo con estas palabras: *No hagas mudanzas en tiempos de tempestad.*

Y me explicó.

—Hoy me hablabas de decisiones tomadas en la noche. Decisiones que afectarán tu futuro y el de tu esposa. Escucha.

Su mirada era intensa y penetrante.

—Las noches del alma, los tiempos de tempestad, los vendavales que nos sacuden... son momentos para permanecer y confiar, no para tomar decisiones.

—Pero, es que...

—Ninguna decisión —me interrumpió con firmeza inusitada y lo repitió con absoluta convicción—, ninguna decisión tomada en medio de la noche suele ser acertada. La oscuridad propia de la vigilia nos deja sin referencias para elegir el camino adecuado. Detente, descansa, confía y espera a que amanezca.

—Nos han hecho mucho daño —insistí en mi lamento.

Casi me recreaba en mi desgracia.

—Han sido terriblemente injustos con nosotros. Todo lo que hemos hecho ha sido amarles y servirles, y mire como nos pagan...

—¿Querrías mantenerlos a todos muy lejos de ti?

—Eso sería un enorme alivio —reconocí herido.

—¿Levantarías, si pudieras, una gran muralla entre ellos y tu hogar?

—Pienso que sí, porque...

—Antes de poner una barrera en tu vida —me interrumpió, insistiendo—. Antes de levantar una muralla, calcula lo que vas a dejar dentro y recuerda que dejarás también cosas fuera.

Sonrió ante mi gesto de perplejidad, y luego dijo:

—Escucha esta historia:

Un día, un hombre joven se paró en el centro de un poblado y proclamó a gritos que su corazón era el más bello y perfecto de toda la comarca. Una gran multitud se congregó a su alrededor, y todos admiraron y confirmaron que aquel corazón era perfecto. No tenía ni una mancha ni un rasguño. Sí, todos coincidieron que era el corazón más hermoso que habían visto, y alentado por aquellas alabanzas el joven gritaba más y más alto que su corazón era el más bello. Entonces una niñita se aproximó y dijo: «He visto un corazón más bello que el tuyo. Es el de aquel anciano». Sorprendidos, se aproximaron al viejito y miraron su corazón que, si bien latía vigorosamente, estaba lleno de cicatrices, e incluso había zonas donde faltaban algunos pedazos, los cuales habían sido reemplazados por otros que no encajaban perfectamente en el lugar pues se veían bordes y aristas irregulares alrededor. Había incluso lugares con huecos, donde faltaban grandes trozos. El joven contempló el corazón del anciano y se echó a reír. «Debes estar bromeando», le dijo a la niña. «Compara ese corazón con el mío. El mío es perfecto, ese en cambio es un amasijo de cicatrices y dolor. Anciano», le dijo al hombre con desprecio, «¿Cómo puedes tener un corazón tan desastroso?» «Es cierto», dijo el anciano. «Mi corazón está hecho un desastre. Cada cicatriz representa a una persona a la que entregué mi amor. Arranqué trozos de mi corazón para entregárselos a cada uno de aquellos a los que he amado. Muchos, a su vez, me han obsequiado un trozo del suyo, que he colocado en el lugar que quedó abierto. Como las piezas no eran iguales, quedaron estos bordes y aristas, de lo cual me alegro, porque me recuerdan el amor que hemos compartido. Hubo veces en las que entregué un trozo de mi corazón a alguien pero esa persona no me entregó un trozo del suyo a cambio. De ahí los huecos que puedes apreciar. Dar amor es arriesgar; pero, a pesar del dolor que esas heridas me provocan al haber quedado abiertas, me recuerdan que debo seguir amándoles, pues tal vez algún día regresen y llenen ese vacío». El joven, conmovido, miró al anciano y luego a la niña, quien le dijo con su voz cristalina: «¿Comprendes ahora por qué te dije que ese corazón es más bonito que el tuyo?» El joven permaneció en silencio mientras lágrimas corrían por sus mejillas. Se acercó al anciano, arrancó un trozo de su hermoso y perfecto corazón y se lo ofreció. El anciano lo recibió y lo colocó en su corazón; luego, a su vez, tomó un pedazo del suyo, ya viejo y maltrecho, *y tapó con él la herida abierta del joven. La pieza se amoldó pero no a la*

perfección. Al no ser idénticos los trozos, se veían los bordes. El joven miró su

corazón, que ya no era perfecto. Pero le pareció mucho más bello que antes.

«Ahora me gusta mucho más», dijo la niña mientras abrazaba al joven.[1]

Mi viejo pastor había concluido su historia.

Era un mensaje terminante, como siempre.

—¿Qué te parece? —preguntó— ¿Tiene sentido? Es mejor vivir amando, ¿verdad?

Hasta el Dalai Lama dio en la diana cuando dijo: *Si deseas la felicidad de los demás, sé compasivo. Si deseas tu propia felicidad, sé compasivo.*

—Sí, es mejor vivir amando, aunque por ello haya que pagar un alto precio —aseguró mi viejo pastor—. Mira la cruz; es la plataforma que exhibe el corazón más bello... pero desmesuradamente dañado.

MIEL A CAMBIO DE HIEL

—¿Tiene sentido? —me preguntó mi viejo pastor.

De sobra sabía que las disertaciones de aquella tarde habían dado en la diana; por eso, añadió:

—Ama incluso a los que te aborrecen.

Puso su mano bajo mi barbilla, obligándome a levantar la cabeza para hablarme directamente a los ojos:

—Especialmente a los que te aborrecen. Son quienes más lo necesitan. No guardes nunca rencor, porque el rencor se convierte en amargura que terminará matándote.

Yo volví a agachar la cabeza.

Meditaba en lo que estaba escuchando.

Deseé correr a casa y compartirlo con María, pero mi viejo pastor tenía algo más que decirme:

—Quienes sirven a los demás saben que hay seres a quienes es realmente difícil amar. Es verdad que el ideal del siervo se resume en «saberlo todo, amarlo todo, perdonarlo todo y curarlo todo».

Sonrió, como para tranquilizarme, agregando:

—Sin embargo, este ideal choca de frente con la realidad. No cabe la menor duda de que ciertas personas provocan sentimientos de hostilidad, pero hay una verdad incuestionable: Detrás de una persona malhumorada, exigente y déspota, hay un ser humano que sufre y que se ha construido un gran caparazón de ira para combatir ese dolor. Esa coraza solo se derrite bajo el fuego del amor. Un gesto ceñudo, agrio y malhumorado suele ser un grito desesperado que dice: ¡Necesito una sonrisa!

—Hay personas tan pobres que solo tienen dinero —dije, recordando una frase que él mismo me había mencionado—, pero otras tan ricas que se permiten ir por la vida regalando sonrisas.

—Exacto —afirmó—. Sentir empatía hacia una persona que nos grita y amenaza es un reto difícil para cualquiera, pero si logramos ponernos en la piel de esa persona, captar su sufrimiento y entender que su comportamiento agresivo y desagradable es una forma torpe de expresar su temor y vacío, entonces podremos intervenir y ayudar con eficacia.

Palmeó mi rodilla para concluir:

—Ama más a quienes menos lo merecen, porque son quienes más lo necesitan.

Las palabras de mi viejo pastor trajeron a mi memoria la arriesgada afirmación de Sam Keen: *Aprendemos a amar, no cuando encontramos a la persona perfecta sino, cuando llegamos a ver de manera perfecta a la persona imperfecta.*

Tal vez no estuviera tan equivocado ese filósofo estadounidense.

—Sin embargo —objeté lo más resueltamente que pude—, un esfuerzo constante por empatizar con personas conflictivas acaba con las reservas de cualquiera. A veces me siento realmente desgastado intentando comprender, ayudar y sonreír a todo el mundo.

—Tienes razón —admitió—. Por eso hay que saber administrar con pericia el tiempo que dedicamos a las personas. A eso yo lo llamo «el desafío de cuidar y renovar nuestros recursos espirituales». Tuve la fortuna de que hace mucho tiempo cayera en mis manos un libro de Gordon MacDonald titulado *Ponga orden en su mundo interior.* El autor expresa unos conceptos que me han sido de enorme ayuda en la búsqueda por mantener un equilibrio frente a las demandas espirituales.

Extrajo de entre las páginas de su Biblia una hoja de papel en blanco y se dispuso a escribir en ella. Antes de hacerlo me explicó:

—Según MacDonald, en nuestro transitar por el ministerio vamos a entrar en contacto con cinco clases de personas. A estos grupos se los puede definir por categorías según el efecto que producen en nuestras vidas. La habilidad para dosificar el tiempo y las energías que dediques a cada uno de ellos, determinará, en gran medida, no solo tu efectividad, sino también la durabilidad de tu ministerio.

Desplegó la hoja en blanco y tomó una vieja estilográfica que atrajo mi atención.

—Es curiosa —le dije señalando a la pluma—; parece que tiene muchos años.

—Tantos como mi ministerio. Fue un regalo de mi esposa el día en que fuimos ordenados al pastorado. Con esta sencilla máquina de metal y tinta he escrito casi todos mis sermones. Será una manía de viejo pero nunca he logrado habituarme a esos endiablados artilugios llenos de cables y teclas. ¿Cómo les dicen? ¿Computadoras?

—Hay ordenadores personales muy pequeños —apunté—. Son totalmente portátiles y resultan muy útiles.

—¿Ordenadores? —frunció el ceño—. Una vez intenté usar uno de esos cacharros que llamas ordenador y lo único que hizo fue desordenármelo todo. Llámame antiguo, pero no cambio mi vieja estilográfica por ninguno de esos inventos.

Quiso centrar de nuevo mi atención en lo importante y sobre la hoja desplegada dibujó lo que parecía un gráfico con cinco apartados. Luego giró el folio hacia mí.

—Observa estos cinco grupos —me dijo—. Corresponden a cinco tipos de personas a los que seguro ya conoces e incluso les has dado parte de tu vida:

- **Personas con problemas:** Los hay en todos los sitios, y por descontado que también en las iglesias. No son malas personas, son, simplemente, seres humanos que necesitan ayuda y recurrirán a ti para buscarla. Puede ser el matrimonio que está en crisis, o la familia cuyo jefe de hogar quedó sin trabajo. Puede ser esa persona que padece enfermedades diversas y que precisa compañía y comprensión o aquel que ha perdido un ser querido. Una vez restaurados pueden llegar a ser preciosos discípulos y hasta compañeros de batalla. Pero esa esperanza futura no quita el hecho de que esta categoría es la que mayor desgaste produce en nuestra vida.

- **Personas buenas:** Suelen ser la mayoría dentro de nuestras congregaciones. Son personas que acuden con devoción a cada una de las reuniones. No aportan cargas negativas ni suelen dar problemas. Contribuyen incluso, con sus recursos económicos, y apoyan los proyectos de la iglesia.

   A pesar de todo, las personas buenas aportan muy poco a nuestras reservas espirituales. Les gusta estar con nosotros porque disfrutan de lo que tenemos que darles. El solo hecho de estar con sus pastores les hace sentir bien, pero también ellos, lentamente, van desgastando nuestra vida espiritual.

- **Compañeros de batalla:** En este apartado me refiero a otros siervos que están implicados en la misma labor. Tal vez pastores de otras congregaciones o personas que despliegan otros ministerios. Son amigos que estimulan y renuevan nuestra fe. Es sabio, positivo y necesario cultivar relaciones con ellos. A su lado nos podemos relajar porque sabemos que son compañeros de milicia. Podemos, incluso, reírnos mientras compartimos anécdotas del ministerio. También podemos llorar y ellos nos escucharán con compasión porque la realidad que viven es igual a la nuestra. Es posible también intercambiar consejos y experiencias. Busca a otros líderes junto a los que reír, llorar y también orar. Será sano y reparador.

- **Discípulos:** Una parte sustancial de tu tiempo deberías dedicarlo a hacer discípulos; es decir, formar siervos que, creciendo a tu sombra, sean adiestrados y en quienes vayas delegando determinadas responsabilidades. Son los hombres y mujeres que hemos incorporado a nuestro círculo más íntimo para que se conviertan en nuestros aprendices. Eso te aliviará y garantizará la supervivencia de tu iglesia. Si no haces discípulos, tu iglesia no te sobrevivirá a ti. Durará lo que dures tú.

   No hay éxito en la vida si no hay un sucesor.

- **Personas de recursos:** Esto es vital. Este será el tipo de persona capaz de estimular y reavivar en nosotros la pasión por el ministerio. Cuando somos jóvenes ese papel lo puede desempeñar nuestro pastor o personas maduras y sabias de la congregación pero, a medida que crecemos en nuestra fe y experiencia ministerial, disminuirá el número de los que desempeñen este papel en nuestra vida. Quizás el estímulo llegará de nuestro autor favorito, o quizás a través de una relación profunda con un mentor. Busca personas más sabias que tú. Permíteles que te nutran y alimenten. Será difícil que tengas muchos de esta categoría, pero búscales. Una hora con ellos puede proveer un estímulo que dure semanas, meses y aun años. Dos horas con ellos añadirán varios centímetros a tu estatura espiritual. Yo no he tenido más de cuatro o cinco a lo largo de mi vida, pero fueron determinantes en mi ministerio. Son mentores, personas con experiencia que visitaron antes que tú el valle en el que ahora pudieras estar sumido. Te enseñarán cómo afrontar las etapas difíciles. Todo ministro debería poder identificar al menos dos o tres personas que ocupen este lugar en su vida personal.

Se aseguró de que prestaba atención, mientras con la estilográfica punteaba cada uno de los apartados e insistía:

—Son los cinco tipos de personas que absorberán tu tiempo. Es muy habitual que las personas con problemas y la gente buena llenen nuestra agenda ocupando el noventa por ciento de nuestro tiempo. A causa de eso no es extraño que sintamos drenados nuestros recursos y nuestro ministerio tenga pocos resultados a largo plazo. Al estar ausentes las fuentes que recargan nuestras baterías, podemos, a duras penas, mantener un movimiento en los diferentes programas de la congregación, sin impactar verdaderamente la vida de aquellos que han sido puestos bajo nuestra responsabilidad. Ese desequilibrio operativo genera en nosotros un tremendo desgaste ministerial, mental y también emocional. La solución a este desequilibrio es relativamente fácil: Debemos distribuir nuestro tiempo con sabiduría, pasando más horas con las otras tres clases de personas: *Las de recursos, los compañeros de batalla y los discípulos.* Esto no implicará desatender a los que nos necesitan, pero si recibimos de, y nos nutrimos con, otras relaciones que nos aporten estaremos en óptimas condiciones para servirles.

En este punto de su disertación enfatizó varias veces la expresión «personas de recursos».

—La correcta distribución del tiempo —prosiguió—, y la sabiduría en las relaciones hacen reverdecer ministerios secos y reavivan la llama de fuegos casi extinguidos.

Las palabras de mi viejo pastor me hicieron rememorar la cita que James Hunter incluye en su magnífico libro titulado *La paradoja*. Un relato sobre la verdadera esencia del liderazgo. Allí, él reflexiona diciendo: *Me ha llevado prácticamente toda mi existencia aprender que casi todo en esta vida son las relaciones, las relaciones con Dios, con uno mismo y con los demás.*

Fue poco más lo que me dijo aquella tarde. La hora había avanzando y se le notaba cansado, pero era mucho lo que había recibido y en lo que tendría que meditar.

Me incorporé de la silla y él también lo hizo.

Antes de echar a andar puso sus dos manos sobre mis hombros, de modo que quedamos frente a frente, y me dijo:

—No abandones en medio del invierno... Los soldados no mueren en las guerras, como se dice alegremente, eso no es exacto. Cada soldado muere en un instante concretísimo de una batalla también concretísima. María y tú enfrentáis ahora una batalla; no os dejéis matar en esta escaramuza.

Sus ojos destilaban compasión, tanta como cercanía sus palabras.

—No abandonéis, porque quienes abandonan en medio del invierno no volverán a disfrutar de ninguna primavera.

—A veces el invierno es tan crudo que uno siente tiritar el alma —dije, y no mentía—. No estoy seguro de que María y yo lo soportemos.

Aplicó una ligerísima presión sobre mis hombros. Un gesto de cercanía y a la vez un toque de atención.

—¿Respetas tu vida? —me preguntó, pero no me dejó responder—. Yo sé que sí, hijo. La tuya y la de tu esposa. También la de tu iglesia. Y como sé que la respetas, dime: ¿Has llegado hasta aquí, hasta tan lejos en tu vida, la única que tienes y que tendrás, para abandonar a mitad de la carrera?

Su mirada seguía clavada en mis ojos.

—¿Piensas abandonar la semilla que con ilusión y esperanza esparciste? ¿Dejarás el arado al que ceñiste tu vida hincado en medio de un campo abandonado? Afirma los pies contra la tierra... tu tierra. Aférrate con fuerza al arado... tu arado. Mira al frente y sigue cultivando porque se acerca la primavera.

Sonreí.

A pesar de todo sonreí a mi viejo pastor, y luego asentí. Le apreté, a mi vez, la mano que tenía sobre mi hombro y volví a asentir.

Los dos me despidieron en la puerta y cuando hubieron cerrado reparé en la cuarta flor roja que iniciaba a abrirse en el rosal.

Junto a ella otras tres de pétalos granas se mecían rodeadas de flores blancas.

La noche era cálida y negra.

Rebosaba victoria. Me sentía desbordado y con ganas de correr a casa y hablar con María.

Por otro lado algo me impelía a arrodillarme y adorar, y eso fue lo que hice, pues sentía cómo, dentro de mí, nacía una flor nueva, que me gustaba, que siempre tenía sed y que se saciaba a través de los sabios consejos de mi viejo pastor, y de momentos quietos y sagrados como el que ahora disfrutaba.

Llegué a casa completamente renovado. La sonrisa de María me anunció que también ella se encontraba mejor.

—Siento haberte disgustado —se disculpó, abrazándome—. Debo ser más fuerte.

Besé sus labios, impidiendo con los míos que siguiera hablando. Luego, le dije:

—Eres fuerte, mi amor; muy fuerte... y lo demuestras cada día.

Se encaminó a la cocina, mucho más serena.

—Vamos a cenar —dijo, mientras colocaba los platos en la pequeña mesa que tenemos en el rincón de la cocina—. Mañana debo madrugar. Me esperan más temprano en la oficina.

—Cariño —le interrumpí— ¿sabes dónde está aquel cuaderno rojo?

—¿El que compré la semana pasada para usarlo como recetario de cocina?

—Sí, ese. ¿Ya comenzaste a escribir en él?

—Aún no —respondió extrañada—. Pensaba empezar mañana, con tu receta favorita: La tarta de manzana.

Tomé un bolígrafo de tinta roja.

Cuaderno rojo y tinta roja, pensé, *nada más apropiado para cubrir ofensas.*

—Tráelo, por favor —le pedí—. Te propongo que lo usemos para otra cosa.

El anochecer nos sorprendió a los dos escribiendo nombres y detalles de ofensas. La tinta roja parecía resplandecer sobre la superficie blanca. También algo resplandecía dentro de nosotros: un destello de perdón y una exultante alegría que desterraba sombras de rencor. Es más, esa noche, al acostarme, notaba la felicidad. Su olor en la nariz. Su peso sobre mis hombros. Me di cuenta entonces de cuán cerca habitan el perdón y la felicidad.

Cerré mis ojos y dormí, dominado de una profunda paz.

QUINTO LUNES

«Lo que consideramos incómodas tempestades son,
con frecuencia, soplos de viento que reconducen nuestra
barca a importantes puertos a los que jamás habríamos
arribado de haber tenido una plácida travesía».

—¿Qué tal está María? —me preguntó mi viejo pastor al verme el siguiente lunes.

Se refería al episodio de desánimo que nos ocupó en la pasada reunión.

—Está bien. Gracias a Dios ya se recuperó de aquella «crisis existencial» —bromeé.

—Ámala mucho —me dijo—, y no olvides decírselo con frecuencia.

Observé que miraba con fijeza un pequeño retrato que descansaba sobre la mesa. Era una foto protegida por un sencillo marco de madera.

Desde el primer día que visité su despacho me llamó la atención, aunque nunca me atreví a preguntarle por el niño sonriente que aparecía en la fotografía.

Mantuve la mirada en aquel rostro, rubio y risueño, cuyas facciones recordaban a las de mi viejo pastor. El gesto del pequeño era dulce y en su sonrisa mostraba dos hileras de diminutos dientes muy blancos y perfectamente alineados. Estaba sentado sobre las rodillas de él, y Raquel, a su lado, les observaba con el orgullo de quien contempla el más valioso trofeo.

—José.

—¿Perdón? —su voz me sobresaltó.

—El niño —aclaró—, se llamaba José.

—¿Se llamaba? —inquirí.

—Nos dejó cuando estaba a punto de cumplir los doce años —me respondió casi en un susurro.

Incapaz de ocultar un gesto de estupor miré de frente aquel rostro que se había orientado al gran ventanal. Me pareció por un instante que las aletas de la nariz se le dilataban y que el brillo propio de las lágrimas destellaba brevemente en sus ojos.

—Lo natural es morir —hablaba tan bajo que tuve que inclinarme para escucharle—. Pero hay un orden lógico. Primero los padres y luego los hijos. Apartó la mirada de la línea del horizonte para enfocarme con una fijeza estremecedora.

—Pero en ocasiones ese orden se altera. Por razones que se nos escapan, se invierte y entonces se transforma en un azote de terrible dolor. No puedes imaginarte la inmensa sensación de absurdo y vacío que nace de enterrar a un hijo; en especial si ya compartiste con él algunos años de vida. Me refiero a los ya crecidos. A quienes han pasado con nosotros momentos de risa y llanto. Con los que hemos jugado al fútbol y a peleas sobre la alfombra del salón; a los que dejaron en nuestra memoria huellas indelebles.

Respiró muy hondo y al terminar de respirar tosió, pero no fue una tos sino un sollozo lo que le subió por la garganta. Luego guardó silencio. Comprobé, entonces, que los rigores de la ausencia no siempre los cura el tiempo, que los arañazos pasados dejan un surco inevitable sobre el delicado algodón de la memoria.

No pude evitar que las palabras de Baltasar Gracián resonaran en mi mente: *La muerte para los jóvenes es naufragio y para los viejos llegar a puerto.* Y percibí que ese naufragio deja más a la deriva a quienes quedan que a los que se marchan.

El anciano seguía en silencio y yo me sentí en la obligación de decir algo; de transmitirle alguna palabra de consuelo, pero nada me salía. Debió percibir mi incapacidad para articular alguna expresión coherente, porque misericordiosamente, continuó:

—Se marchó.

Sus dedos temblaban ostensiblemente mientras acariciaba el retrato de aquel muchachito que cada vez se me antojaba más parecido a mi viejo pastor.

—Dios decidió trasplantar a su jardín la flor más bella que había en el nuestro.

Iba a formularle una pregunta, pero el anciano intervino de nuevo, sin darme lugar a hacerlo.

—No fue fácil encajar el golpe.

Me miró clavando sus ojos en los míos.

—¡Llegué a enfadarme con Dios!

Agachó la cabeza añadiendo, mucho más bajo:

—Estúpido de mí, me consideré digno de pedirle cuentas al Altísimo. Fue en ese momento que llegó hasta mí una vieja historia. ¿Quieres que te la cuente?

No aguardó mi respuesta sino que inició su relato:

Cuentan que un día un campesino le pidió a Dios que le permitiera mandar sobre la naturaleza, con el objetivo de que le rindieran mejor sus cosechas. ¡Y Dios se lo concedió! A partir de ese momento, cuando el campesino quería lluvia ligera, esta llegaba; cuando pedía sol, el astro rey brillaba en todo su esplendor; si necesitaba más agua, llovía más intensamente... Pero cuando llegó el tiempo de la cosecha, su sorpresa y estupor fueron grandes, porque resultó un auténtico fracaso. Desconcertado y molesto le preguntó a Dios la razón de que hubiera salido así el experimento. ¿Por qué la cosecha fue mala si él había puesto los climas que creyó convenientes? Dios le contestó: «Tú pediste lo que querías, pero eso no era en realidad lo que convenía. Nunca solicitaste una tormenta, y estas son necesarias para limpiar la siembra, ahu-

yentar aves y animales que la destruyen y purificarla de plagas que son muy destructivas».

Fijó su mirada de nuevo en mí y una pasión santa y contagiosa se le encendió en el fondo de sus ojos.

—Así nos ocurre con frecuencia —dijo—. Queremos que nuestra vida sea puro néctar y ningún problema. Abundancia de miel y absoluta ausencia de hiel. El auténtico triunfador no es el que no ve las dificultades, sino el que no se asusta ante ellas, no retrocede, ni se echa para atrás. Por eso podemos afirmar sin temor a equivocarnos que las dificultades son ventajas. Provocan madurez y crecimiento. Hace falta una verdadera tormenta en la vida de cada persona, para hacerle comprender cuánto se ha preocupado por leves chubascos y simples tonterías pasajeras. Lo importante no es huir de la tormenta, sino tener fe y confianza en que pasará y dejará algo bueno en nuestras vidas.

—Pastor —dudé un instante, pero necesitaba hacerle la pregunta. Al fin, con audacia casi irresponsable, le dije—: ¿Qué le ocurrió a José? quiero decir, ¿Cómo fue que se marchó su hijo?

El anciano suspiró, me miró, interpretó que mi interés era sincero, y volvió a suspirar. Finalmente, las palabras se escurrieron con pereza por la compuerta de sus labios:

—Nunca me ha gustado conducir de noche, pero no había más remedio que regresar a casa. Lo hice muy despacio, el vehículo no pasó nunca de ochenta kilómetros por hora. Siempre he pensado que cabalgar con prudencia y mesura es la forma más segura de llegar pronto.

Volvió un instante la cabeza. Quiso sonreír, pero no pudo. Luego posó otra vez la vista en el frente.

—El conductor que vino de frente no pensaba lo mismo que yo; por eso tomó la curva demasiado rápido, y también por eso invadió nuestro carril impactándonos.

Calló un instante e inspiró profundamente, como si todo el oxígeno se le hubiera agotado en la primera parte del relato.

—Raquel iba a mi lado y gritó. Yo también lo hice, pero desde el asiento de atrás, donde iba José, solo nos llegó silencio. Lo siguiente que recuerdo es que el pequeño José estaba en mis brazos. Callaba y no respiraba. Su silencio y su quietud fueron lo único que llegó a mis sentidos. Comencé a sacudirle y, sin que tuviera ya el menor sentido, le llamaba de vuelta a la vida: «¡José!, ¡hijo!», le gritaba, «¡Despierta! ¡Estás conmigo!», seguía gritando. «¡Estás con papá!» Dos hombres me lo quitaron de los brazos y lo llevaron como si aún se pudiera hacer algo por él. Antes de que lo apartaran de mí le dije en voz baja, como un estúpido: «José, mi vida, luego nos vemos». Y me quedé en el suelo, sentado sobre el asfalto. Luego he recapacitado en que tal vez no fue tan estúpido eso que le dije... lo de «luego nos veremos».

Y alargaba las pausas como si no fuera a decir más. Pero yo sabía que continuaría, por eso en vez de responderle guardaba silencio y mantenía mi mano sobre su hombro.

—Alguien vino a atenderme, una enfermera. Tomó mi mano derecha, me preguntó si me dolía. Yo le pregunté por Raquel. Solo cuando me aseguraron que estaba bien, que le habían aplicado unos sedantes, porque estaba muy nerviosa pero intacta... solo entonces miré mi mano. Tenía sangre y un corte que nacía en el dorso y subía hasta la mitad del antebrazo.

Me mostró la cicatriz, que era evidente, pese a los años que habían transcurrido.

—Me lo vendó, mucho más nerviosa que yo. Sentía, sin embargo, otra herida. Era un fuerte dolor en el pecho. Abrí la chaqueta. Una esquirla de metal retorcido se había estrellado en mi pecho contra la Biblia de bolsillo. Ese libro, que me había salvado la vida, era ahora un amasijo de hojas rotas que cayeron al suelo y el viento las arrastró en distintas direcciones. Pero la otra herida... la de más adentro... la provocada por el silencio de José... ¡Dios, como me dolía!

—Debió ser muy duro —fue todo lo que pude decir.

Tardó tanto en responder que pensé que nunca lo haría.

Continuó su relato con sus ojos fijos en el horizonte, en aquel punto donde el cielo y la tierra se funden, como si allí se estuvieran proyectando los hechos:

—No son simples arañazos, sino desgarrones en el alma. Después de la despedida de José, Raquel y yo nos acostábamos temprano, a veces cuando atardecía... apenas el día comenzaba a entornar sus párpados. Nos íbamos a la cama porque queríamos acortar al máximo la vaciedad de las jornadas. Pero al reducir el día solo conseguíamos prolongar la oscuridad nocturna. Las noches tardaban semanas en pasar. Algunas eran interminables; cada minuto se convertía en un siglo.

Calló un instante y volvió su rostro hacia mí. Luego continuó:

—Intentábamos apagar la lámpara del recuerdo... no acordarnos de nada, pero era imposible atenuar la luz de los momentos vividos con nuestro pequeño José. Sentíamos cada segundo de ausencia como mordiscos que nos llenaban de llagas la piel. En un sentido, uno nunca se recupera; jamás vuelve a ser el mismo. La mente queda llena de preguntas y el corazón busca las respuestas desesperadamente... e inútilmente también... ¡Qué razón tenía el ruso Dostoievski! *Es al separarse cuando se siente y se comprende la fuerza con que se ama.*

Atardecía, ensombreciéndose por igual el paisaje. La progresiva oscuridad de afuera hacía que el interior se reflejara en los cristales de la ventana. En ellos vi la imagen de su rostro y percibí que el brillo de sus ojos se había mudado en un raudal de agua cristalina que descendía por sus mejillas. Comprendí la esencia de aquella frase que alguien me la citó alguna vez: «A menudo el sepulcro encierra, sin saberlo, dos corazones en un mismo ataúd».

Era terrible ver así, a merced del desastre, del horror, a un hombre bueno y de tanta sabiduría. El anciano se hallaba hundido en su sillón de lectura, cabizbajo y pensativo, abatido como nunca.

Sin embargo, y para mi sorpresa, casi instantáneamente se rehizo. Incorporándose un poco en el sillón y haciendo un acopio admirable de energía, dijo:

—Pero lo que es incuestionable; lo que nadie debe jamás dudar es que, cuando el invierno arrecia, Dios se aproxima más a nosotros y nos abriga. El milagro de su presencia llena el vacío de cualquier ausencia... incluso de las más atroces... aun de esas pérdidas que le dejan a uno a la deriva, preguntándose si algún día será capaz de recomponerse.

El que hablaba ahora no era el anciano derrotado de hacía un instante. Tras la humedad de sus ojos un brillo cálido y sereno asomó, como el sol después de una noche de tormenta.

—La mano de Dios convierte en obras de arte las ruinas del alma. Cuando Él llega se aferra con firmeza al timón de nuestra vida y reconduce la nave hacia un puerto seguro.

Impresionado por sus palabras dije, en un tono triunfal:

—¡Y Él lo hizo con usted!, ¿no es así?

—Así es, en efecto —afirmó—. Absolutamente cierto. No se trata de que olvides al ser querido que partió... ¡qué va! El recuerdo queda siempre, y no te voy a ocultar que la vieja herida que uno cree ya cicatrizada a veces vuelve a abrirse y sangrar. Pero he llegado a entender que cuando Dios borra es que va a escribir algo nuevo.

Sus palabras llenaban de esperanza su rostro. El mío también. Y le devolvían su firmeza habitual.

—Alcancé a comprender que la muerte no es sino un cambio de misión y que nuestro pequeño José estaba más vivo que nunca, porque si la muerte no fuera el preludio a otra vida, la vida presente sería una burla cruel.

Lo anterior no lo decía simplemente; lo proclamaba con triunfo.

Afuera, el cielo estaba cernido de nubes y, sorpresivamente, el sol, que se intuía tras ellas en medio círculo rojo tocando el horizonte, filtró sus afilados haces de luz entre los cúmulos de algodón, formando un abanico perfecto.

—Ya lo ves —dijo, señalando aquel paisaje—. Él dibuja cuadros hermosos sobre lienzos oscuros. ¡Qué artista tan perfecto es Dios! Su pincel convierte lo amenazante en belleza perfecta. Dios jamás desperdicia una pena, sino que la convierte en riqueza.

Aquella frase, pronunciada con sinceridad transparente en tan difícil circunstancia, fue determinante para el futuro de mi fe. Tantas veces ha resonado en la bóveda de mi conciencia, y siempre sirvió para levantarme ante la adversidad que amenazaba con tumbarme.

Me miró y sus labios se curvaron en una sonrisa que desprendió más luz que mil amaneceres, y asintiendo levemente con la cabeza, me dijo:

—¿Sabes? En una ocasión hablé con un amigo que logró la proeza de escalar un monte hasta los siete mil metros de altura. *¿Qué sentiste?*, le pregunté. *Frío*, respondió, *básicamente frío. De día el cielo es más oscuro que azul, porque falta aire para reflejar la luz del sol. Pero de noche... nunca has visto tantas estrellas. Es como si las pudieras tocar y brillan tanto que parecen pequeños agujeros en el suelo del cielo. Lo otro es el silencio. Al estar allí, en lo más alto del mundo, experimenté el auténtico silencio... y entonces oí el sonido de la montaña, es como si hubiera oído la voz de Dios.*

Las palabras de mi viejo pastor llegaban hasta mí sofocantes y cálidas. Más que palabras su voz parecía el aliento de una hoguera. Hablaba con verdadera unción.

—La altura siempre conlleva riesgos, y las situaciones de la vida que nos hacen crecer y escalar posiciones elevadas nos sitúan con frecuencia bajo cielos oscuros. Un *forfait* tenebroso que a la vez que nos eleva nos coloca allí donde experimentamos frío y soledad, pero así descubrimos que hay tesoros ocultos entre los pliegues de las sombras.

Guardó un instante de silencio para permitirme procesar la información que me estaba entregando. Luego continuó:

—Solo allí apreciamos que la noche está llena de luz y el silencio saturado de voces que destilan sabiduría.

Su discurso era de una belleza incuestionable, pero yo no podía apartar mis ojos de los de aquel niño que me sonreía desde la fotografía, y en mi interior intenté calibrar el dolor que debieron enfrentar al perderlo.

—Pastor, comparto lo que usted me dice; pero no negará que a veces Dios hace movimientos —titubeé— ...o permite jugadas en el tablero de ajedrez de nuestra vida que son difíciles de entender y bastante complicadas de encajar.

—¿Querrías entender todo lo que ocurre? —preguntó con dulzura.

—No es eso, pero...

—Me sirves en bandeja la ocasión para contarte una historia —se limpió con determinación las lágrimas calientes que le rebosaban de los ojillos acuosos, e incluso sonrió—. ¿Quieres escucharla?

Asentí con la cabeza y él se rebulló un poco en el sillón e inició su relato:

El maestro contaba siempre una parábola al final de cada clase, pero los alumnos no siempre entendían el sentido. «Maestro», le encaró uno de ellos una tarde. «Tú nos narras cuentos, pero no nos explicas su significado». «Pido perdón por eso», se disculpó el maestro. «Permíteme que en señal de reparación te invite a un rico melocotón». «Gracias maestro», respondió halagado el discípulo. «Quisiera, para agasajarte, pelar tu melocotón yo mismo. ¿Me lo permites?» «Sí, muchas gracias», dijo el alumno. «¿Te gustaría que, ya que tengo en mi mano el cuchillo, te lo corte en trozos para que te sea más fácil comerlo?» «Me encantaría, pero no quisiera abusar de tu generosidad». «No es un abuso si yo te lo ofrezco. Solo deseo complacerte. Permíteme también que lo mastique antes de dártelo...» «No, maestro. ¡No quiero que hagas eso!», se quejó sorprendido el discípulo. El maestro hizo una pausa. «Si yo les explicara el sentido de cada cuento, sería como darles a comer una fruta masticada».

La historia había terminado y mi viejo pastor me enfocó con la mirada:

—Si Dios permitiera que entendamos todo lo que nos acontece —me dijo—, sería como estar comiendo fruta masticada.

Asentí con la cabeza mientras meditaba en la profunda sabiduría que podía desprenderse de una sencilla historia.

—No desesperes si hoy no captas el sentido de algo. Sigue comiendo la fruta. Ese es también el mensaje de la cruz.

Señaló a la decena de crucifijos que decoraban aquella sencilla habitación. —No entendemos lo que allí ocurre hasta que visitamos la tumba del huerto y la encontramos vacía. Demasiado a menudo nos desesperamos en medio de la tormenta, cuando lo único que deberíamos hacer es confiar y esperar. La tempestad pasa y entonces descubrimos que las mismas olas que nos aterraban, sirvieron para alterar el curso de nuestra navegación, haciéndonos recalar en el puerto adecuado.

—¿Quiere decir que Él utiliza las tormentas para llevarnos en la dirección correcta?

—Y las lágrimas para aclarar nuestra visión. Como dijo Lord Byron, «Se puede ver más lejos a través de una lágrima que por un telescopio». Sabiduría es entender que la lluvia que empapa nuestro cuerpo y tiñe de gris el invierno, es pintura del cielo, verde, rosa, amarilla y que los vientos tempestuosos que nos hacen estremecer agitan ese aceite hasta darle la fluidez oleaginosa necesaria para servir al pincel de la primavera. Solo es cuestión de esperar y nuestro entorno se llenará de color.

Asentí admirado de su sabiduría.

—Por otro lado —añadió— llegarás a comprender que las cicatrices forman parte de tus credenciales en el ministerio. Es fácil servir mientras todo va bien, pero las situaciones duras de la vida conferirán peso a tu servicio y profundidad a tus palabras.

Sonrió mientras remataba la sentencia:

—No te fíes demasiado del discurso de un hombre que no tiene cicatrices. Uno de los riesgos más grandes que enfrenta la iglesia.

Se acarició la barbilla, pensativo, calculando la siguiente frase.

—Una de las circunstancias que puede herir mortalmente a una congregación, es estar liderada por personas que tengan kilómetros de influencia, pero centímetros de profundidad. Las pruebas y adversidades nos hacen madurar. Los tiempos de sequía nos llevan a hincar las raíces y profundizar en la tierra, buscando el agua. Eso confiere peso al ministerio.

Le miré fijamente y me embargó la seguridad de que muchas de las arrugas que le surcaban, no eran pliegues de la piel, sino marcas de batalla.

Su rostro se había orientado de nuevo al gran ventanal. Le observé, reflejado en el cristal, mientras reflexionaba en la frase de Arthur Miller: *No me arrepiento en absoluto de haber corrido todos los riesgos por aquello que me importaba.*

De ese calibre era ni viejo pastor.

Por eso su discurso tenía tanto peso... por eso destilaban sabiduría sus palabras.

No soportes la cruz, ámala.

—¿Te quedarían todavía fuerzas para soportar otra historia?

Casi pedía perdón con la mirada y su gesto me pareció graciosamente infantil.

—Ya te advertí que tengo mucho que contar y pocos oídos dispuestos a escuchar.

—Pues aquí tiene a alguien deseoso —le aseguré.

Y entonces comenzó:

Aquel hombre cargaba una pesada cruz. La portaba arrastrándola con enojo y resignación; eso a pesar de que muchos le habían advertido que la cruz es más ligera al que la lleva que al que la arrastra, pero él desoía los consejos y seguía arrastrando su cruz amargamente. Esta se enganchaba en las piedras del camino y se enredaba entre las hierbas, haciendo penoso el avance. Un día atravesó un paraje desértico, tan extenso y árido que pensó que moriría. El sol justiciero quemaba su cabeza y achicharraba su espalda. Fue de casualidad que adoptó una posición en la que el madero se interpuso entre su cuerpo y el sol, y descubrió que su pesada carga le aportaba sombra. Sorprendido del grato descubrimiento se acurrucó, guareciéndose tras la madera. Días después comenzó a sentir mucha hambre. Durante la travesía por el desierto apenas había comido nada y se notaba débil y desnutrido. Observó un frondoso manzano cargado de fruta pero las jugosas manzanas estaban demasiado altas como para alcanzarlas. La vista de aquella fruta incrementó su apetito y el pobre lamentó tener tanta comida delante, pero no poder disfrutarla. Quejoso y medio desesperado apoyó la cruz contra el tronco del árbol y se sentó en el suelo a seguir lamentándose. Al alzar la vista descubrió que aquel madero podía ser una escalera que le acercara a la fruta. Así lo hizo y comió hasta saciarse. Poco después, en su largo recorrido, cruzó un inhóspito paraje nevado. La cruz se enterraba en la nieve y el avance era lentísimo y realmente duro. De pronto, escuchó el aullido de los lobos y sintió un estremecimiento. Estaban muy cerca y supo que venían en su busca. Pronto pudo oír el veloz avance de las fieras hambrientas. Echó a correr pero el arrastre de la cruz le dificultaba la carrera. Varias veces pensó en abandonarla, pero el firme compromiso que hiciera un día de llevarla toda la vida le hizo desestimar la idea. Optó por abrazarla y correr con ella. Descubrió que así era más ligera. Corrió y corrió sintiendo que las fieras se acercaban. De pronto, se detuvo en

seco. Ante él se abría un abismo. Se trataba del profundo cauce de un río
seco. Buscó con desesperación un puente, pero no lo encontró. Los lobos se
acercaban y él rompió a llorar. Presa de la furia y el miedo arrojó la cruz a
un lado. Y ante sus ojos, que se abrieron desorbitados, ésta, al caer, se apoyo
en un extremo y en el otro de aquel cauce seco... convirtiéndose en un puente.
Cruzó rápidamente y mientras abrazaba de nuevo su cruz observó como los
lobos, en el otro lado del abismo, se retiraban decepcionados. Desde ese día
vivió abrazado a la cruz y la convirtió en el centro de su vida.

—Ama la cruz que Dios aproxime a tu vida —me dijo mi viejo pastor— cualquiera que esta sea. A veces la cruz tiene la forma de una enfermedad, en otras ocasiones adquiere el increíble peso de la soledad, o de la dificultad económica... Llevar la cruz implica pagar un precio pero, te lo aseguro, vale la pena. En cualquier momento descubrirás que esa cruz se torna en una escalera que te alza a nuevas alturas o en sombra que te protege en situaciones extremas.

MADRUGA PARA EXPRESAR TU AMOR

No había soltado el retrato, sino que continuaba estrechándolo en su seno, pero en ese punto cambió de tema. Fue un giro tan radical que me pilló por sorpresa, dejándome perplejo:

—Ámala —me dijo—. Ama a María. No te retraigas nunca de brindar tu amor a los más cercanos, porque no sabes cuándo los que hoy están cerca dejarán de estarlo. Ama hoy, expresa hoy, abraza hoy. No digas que es demasiado pronto, porque no sabes si pronto será demasiado tarde. Madruga para amar, porque en ocasiones la noche llega de repente, truncando el más bello mediodía, y entonces las frases que debieron pronunciarse pero quedaron cautivas, saltan de la garganta a la conciencia, y allí quedan, como un peso intolerable.

Y mientras lo decía apretaba contra su corazón la foto de su hijo ausente.

Sorpresivamente Raquel hizo su entrada con una bandeja sobre la que traía el humeante café. Al verle sosteniendo aquel retrato, dejó la bandeja sobre la mesita, se sentó junto a su esposo y le abrazó tiernamente... interminablemente.

Viéndoles así reparé en que por muy grande que haya sido la pérdida, Dios jamás permite la bancarrota. Siempre deja a nuestro lado dosis suficientes de amor.

Me limpié una lágrima con el dorso de mi mano antes de volver a mirarles.

Seguían fundidos en el abrazo, y observándoles me afirmé en la idea de que Dios no nos deja huérfanos ni a la deriva... ni desnudos. Pensé, también, que a veces perdemos la vida añorando el abrazo de quien se fue sin percibir que a nuestro lado hay mil brazos que desean arroparnos en nuestra noche más fría.

Las palabras del sabio poeta indio resonaban en mi mente: *Si de noche lloras porque no ves el sol, las lágrimas te impedirán ver las estrellas.*[1]

Deseé correr a casa para encontrarme con María. Anhelé con todas mis fuerzas, apreciarla hoy, abrazarla hoy.

No es demasiado pronto... no lo es.

Quiero que todas las sentencias de amor sean pronunciadas a tiempo, que ninguna palabra de aprecio, ni una sola expresión de amor quede en la recámara de mi garganta para pesar luego sobre mi conciencia.

La visita fue breve, pero definitivamente intensa. No me sorprendió descubrir una nueva rosa roja abriéndose a la noche quieta del verano.

Tomé uno de sus pétalos entre mis dedos y aprecié su belleza y perfección mientras susurraba: «Siempre hay un brillo en la noche, y aun la más terrible oscuridad puede ser el útero donde se geste un nuevo día. Hay estrellas cobijadas en los pliegues de las sombras».

SEXTO LUNES

«Observa y preserva la salud de tu familia. Una de las credenciales más poderosas de un ministro es su matrimonio».

En esta ocasión no pude esperar al lunes y decidí llamarle por teléfono. ¿La razón de tanta urgencia? Estaba enfadado... realmente enojado con mi esposa, María. No es algo frecuente, pero la noche anterior ocurrió. Fue como un choque de trenes, y lo peor es que todo se debió a una trivialidad; una tontería sobre si debíamos o no comprar un sillón nuevo para el salón.

Incapaz de sobrellevar el problema yo solo, me atreví a molestar a mi pastor.

—Me parece que María está un poco trastornada —le espeté en cuanto descolgó el teléfono.

—¿Que está qué?

—De la cabeza, un poco desequilibrada.

—¿Por qué dices eso?

—Le propuse cambiar de sillón y se enzarzó a discutir como una energúmena. No hubo forma de hacerla entrar en razón.

—¿Le preguntaste por qué se ponía así?

—Sí, claro que se lo pregunté, pero ya no recuerdo qué tontería me contestó.

—Y ella descalificaba todos tus argumentos.

—Sí. Dijo, por ejemplo, que lo tuyo, lo de querer cambiar el sillón, son estupideces.

—Eso.

—O que eres un caprichoso.

—Sí, también. ¿Cómo lo sab...?

—¡Espera, espera! —me dijo—. ¡Deja que te cuente un chiste!

Me quedé perplejo ante la reacción de mi pastor, pero, por respeto, me dispuse a escucharlo.

Un hombre llama al médico de cabecera de la familia. «Doctor, venga enseguida, estoy preocupado por mi esposa». «¿Qué le pasa?» «Se está quedando sorda». «¿Cómo que se está quedando sorda?» «Sí, de verdad. Necesito que venga a verla». «Mire», argumentó el doctor, «la sordera, en general, no es una cosa repentina ni aguda, así que el lunes tráigamela a la consulta y la miraré. Pero, ¿usted se piensa que podemos esperar hasta el lunes? ¿Cómo se ha dado cuenta de que no oye?» «Pues… porque la llamo y no contesta». «Mire, puede ser cualquier tontería, como un tapón en el oído. A ver, hagamos una cosa: vamos a detectar el nivel de sordera de su esposa. ¿Dónde está usted?» «En el dormitorio». «Y ella, ¿dónde está?» «En el salón». «De acuerdo, llámela desde ahí». «¡Carmeeeeen! No, no me oye». «Bueno, acérquese a la puerta del dormitorio y grítele desde el pasillo». «¡Carmeeeeen! No, ni caso». «No se desespere. Vaya a buscar el teléfono inalámbrico, acérquese por el pasillo llamándola para ver cuando le oye». «¡Carmeeeeen! ¡Carmeeeeen! ¡Carmeeeeen! No hay manera. Estoy delante de la puerta del salón y la veo. Está de espaldas leyendo un libro, pero no me oye. ¡Carmeeeeen! No hay manera». «Acérquese más». El hombre entró en el salón, se acercó a Carmen, le puso la mano en el hombro y le gritó en la oreja: «¡Carmeeeeeeen!» La esposa, furiosa, se dio la vuelta y le dijo:

«¿Qué quieres? ¡¿Qué quieres, qué quieres, qué quiereeeees…?! Ya me has llamado como diez veces y diez veces te he contestado "qué quieres". Cada día estás más sordo, no sé por qué no vas al médico de una vez…»[1]

—Esto es lo que se llama proyección, hijo mío. Cada vez que veo algo que me molesta de otra persona, recuerdo que eso que veo, por lo menos (¡por lo menos!) yo también puedo tenerlo. Pero, bueno, discúlpame la interrupción, volvamos a lo tuyo… ¿qué me decías de la cabeza de María?

Me quedé mudo.

Era este un aspecto de mi viejo pastor que desconocía: Su ironía.

Sintiendo que me ardían las mejillas, decidí redoblar la dosis de tolerancia para con mis semejantes y usar un poco más de autocrítica conmigo.

—Nada, pastor —le dije, bastante abochornado—. El lunes nos vemos, si Dios quiere...

ÁMALA

En la siguiente visita, le confesé mis sentimientos con respecto al episodio de María. Se rió con ganas mientras palmeaba mi espalda. Aunque debo decir que le noté cansado.

Me sentía muy preocupado por la salud de mi viejo pastor. Por momentos le observaba y me parecía una persona casi extinguida, como un atleta que lo ha dado todo en la carrera y enfrenta, extenuado, las últimas curvas del circuito. Sin embargo, cuando comenzaba a hablar, y en especial cuando oraba, se apreciaba en él una fortaleza sobrehumana... algo que trascendía a lo meramente terrenal.

No me cupo la menor duda: Vivía muy cerca de Dios y eso le confería una autoridad incuestionable.

—Todos cometemos errores —dijo, cuando terminó de reír—. Lo único necesario es saber reconocerlo. Y nunca olvides lo que te dije en nuestro anterior encuentro: Ámala, y hazlo de tal modo que la infidelidad quede fuera de tus opciones; que ni siquiera se asome a tu mente la posibilidad de traicionarla. León Tolstoi dijo muchas cosas con las que no estoy de acuerdo, pero en ocasiones acertó de pleno, como cuando afirmó: *El que ha conocido a su mujer y la ha amado, sabe más de mujeres que el que ha conocido a mil.*

—Usted y Raquel llevan muchos años juntos...

—Sesenta —me interrumpió—. Y han pasado en un suspiro.

—Sin embargo, pareciera que se aman como el primer día. ¿Cuál es el secreto?

—Acabo de recordar una historia....

Su rostro adquirió un gesto como si pidiera disculpas.

—Entiéndeme; no estoy esquivando tu pregunta, pero mi memoria se ha vuelto un tanto escurridiza y tal vez luego no consiga recordarla.

Mi sonrisa supuso para él un gesto de asentimiento, así que inició la historia:

Un hombre fue a visitar a un sabio consejero y le dijo que ya no quería a su esposa y que pensaba separarse. El sabio le escuchó, le miró a los ojos y solamente le dijo una palabra: «ámala». Luego se calló. «Pero es que ya no siento nada por ella». «Ámala», repuso el sabio. Y ante el desconcierto del señor, después de un oportuno silencio, agregó lo siguiente: «Amar es una decisión, no un sentimiento; amar es dedicación y entrega. Amar es un verbo y el fruto de esa acción es el amor. El amor es un ejercicio de jardinería: arranca lo que hace daño, prepara el terreno, siembra, sé paciente, riega y cuida. Estate preparado porque habrá plagas, sequías o excesos de lluvia, pero no por eso abandones tu jardín. Ama a tu esposa; es decir, acéptala, valórala, respétala, dale afecto y ternura, admírala y compréndela. Eso es todo, ámala».

Después de unos segundos de silencio, me dijo:

—Robert Anderson dio una clave interesante para la estabilidad de un matrimonio. Dijo, más o menos, esto: *En todo matrimonio que ha durado más de una semana, existen motivos para el divorcio. La clave consiste en encontrar siempre motivos para el matrimonio.*

Me sonrió y cuando le hube correspondido continuó:

—La única columna capaz de soportar el peso de un matrimonio es el amor. Solo el amor es un pilar capaz de sostener ese edificio en los crudos inviernos y bajo las condiciones más adversas. Y acaso te preguntarás: ¿qué tiene que ver este romántico tema con los solemnes asuntos del ministerio?

—Bueno —aventuré—, el matrimonio está conectado con el ministerio...

—El matrimonio es el ministerio —enfatizó con energía el verbo ser—. Una de las credenciales más poderosas del ministro es su matrimonio. La solidez en el área conyugal consolida y refuerza el área ministerial. Cuidar de tu familia es cuidar de tu iglesia. Y la clave del cuidado es el amor: Derrocha amor entre los tuyos. Ama a espuertas, regala amor a fondo perdido...

—Dios es amor —recordé—. ¿Tendrá esto algo que ver?

—Claro que sí —me felicitó—. La relación que Dios tiene con nosotros está fundada en lo que es su esencia: el amor. Por eso sigue buscándonos a pesar de nuestra insolencia, indiferencia y desprecio. Él nos ama y nos perdona. Esa es la clave para un matrimonio, seguir amando «a pesar de». Seguir perdonando.

—«A pesar de» —repetí—. Me parece un apunte interesante.

—Algo falla en el concepto del amor —dijo con convicción mientras abría su Biblia y buscaba entre las páginas con admirable agilidad—. He descubierto que hay dos tipos de amor. Escucha lo que dice este texto: *Pero a Ana daba una parte escogida; porque amaba a Ana, aunque Jehová no le había concedido tener hijos* (1 Samuel 1.5).

Mi viejo pastor empezó a explicar, seguramente porque vio mi cara de desconcierto.

—La historia se refiere a un varón llamado Elcana, que tenía una esposa de nombre Ana. De esta mujer, dice la Biblia que no podía tener hijos; es decir, era estéril.

Se inclinó hacia mí para explicar con más detenimiento:

—Para captar la dimensión real de este versículo hay que saber que en aquel tiempo y en aquella cultura, los rabinos tenían una relación de diez personas de quienes decían que estaban excluidas de la comunión con Dios. Eran seres estigmatizados... considerados malditos... Esa relación comenzaba por: «aquel varón que no tuviere esposa, o que teniéndola, esta no le dé hijos». No cabe la menor duda de que la esterilidad de Ana representaba un serio problema, no solo para ella, sino también para su marido. La condición de esposo de una mujer estéril le convertía en algo parecido a un anatema, un excluido de la comunión con Dios...

—¡Vaya! —repliqué—, si que era un problema.

—Sin embargo —afirmó—, el texto que hemos leído contiene una frase emocionante y digna de reflexión: «A Ana daba una parte escogida; porque *amaba a Ana, aunque* Jehová no le había concedido tener hijos».

Observé que en su Biblia la frase «amaba a Ana, aunque», aparecía subrayada varias veces, como si hubiera recurrido en distintas ocasiones a ese texto bíblico.

—Como te dije, he observado que hay dos tipos de amor: Está el *amor porque*: Te amo *porque* en ti encuentro satisfacción plena. *Porque* llenas todas mis expectativas, *porque* contigo soy plenamente feliz... Te amo *porque*... Es un amor legítimo. Siempre es mejor amar *porque*, que no amar. Pero este amor siempre aguarda una contrapartida, no se da a fondo perdido. Inevitablemente esta clase de amor tiene fecha de caducidad.

Su mirada, fija en mí, era inquisitiva, buscando discernir si estaba yo captando la intensidad de lo que pretendía transmitirme.

—Hay otra opción más elevada, digna y duradera: El amor aunque: es un amor «a pesar de...» Te amo *aunque* no siempre puedas llenar todas mis expectativas, *aunque* no seas perfecto. Ese es el amor que describe 1 Corintios 13. Es el amor que no tiene fecha de caducidad y, por lo tanto, es capaz de sostener el peso de un matrimonio. Este es el amor que nos profesa Dios. *Mas Dios muestra su amor para con nosotros, en que siendo aún pecadores [aunque éramos pecadores], Cristo murió por nosotros* (Romanos 5.8).

—Es realmente interesante —reconocí.

—Hay personas que dicen, «ya no nos amamos», «se nos acabó el amor», y lo dicen con toda sinceridad, sufriendo. En todos los casos he observado que el tipo de amor que se agotó es el *amor porque*. Nadie es capaz de llenar permanentemente las expectativas del ser querido. Llega un momento en que fallamos, en que no estamos plenos de capacidad. En algún punto ofendemos o defraudamos. El *amor porque* se resiente en esos episodios, pero el *amor aunque* cubre esos valles con puentes de perdón y allana los baches con tierra de comprensión... Ese es el amor que Dios profesa por nosotros. Como afirmó Leibniz, *amar es encontrar en la felicidad de otro tu propia felicidad.*

—¿Se cansará Dios alguna vez de perdonarnos? —pregunté, aunque vaticinaba la respuesta.

—Ruega para que no sea así. Su corazón está desmedidamente apegado a nosotros. Es un creador locamente enamorado de sus criaturas, es un redentor irremediablemente enamorado de sus redimidos. Déjame que te cuente...

Dice una leyenda árabe que dos amigos viajaban por el desierto y llegados a un determinado punto del viaje, se pusieron a discutir. Uno de ellos, ofendido y sin nada que decir, escribió en la arena: Hoy, mi mejor amigo me dio una bofetada en el rostro. Siguieron adelante y llegaron a un oasis, donde resolvieron bañarse. El que había sido abofeteado estuvo a punto de ahogarse, pero fue salvado por el amigo. Al recuperarse, tomó el estilete y escribió en una piedra: Hoy, mi mejor amigo me salvó la vida. Intrigado, el amigo preguntó: «¿Por qué, después que te lastimé, escribiste en la arena, y ahora escribes en una piedra?» Sonriendo, el otro le respondió: «Porque eres mi amigo, y tus ofensas las escribo en la arena, donde el viento del olvido y el perdón se encargarán de borrarlo. Pero tu ayuda y amor los grabo en la piedra de la memoria del corazón, donde ningún viento del mundo podrá jamás borrarlo». [2]

Mi viejo pastor esperó unos segundos como para que yo asimilara el mensaje encerrado en la historia y, luego, me dijo:

—Hay dos cosas que aprender y que serán clave para la vida: La primera es que en el matrimonio el perdón es la piedra angular. La segunda es que cualquier ofensa, cualquier falta que hayamos cometido contra Dios, por grave que sea, no resistirá el agua del arrepentimiento y la purificación de la sangre de Jesús.

Se puso de pie con lo que entendí que nuestro encuentro de hoy había llegado a su fin.

—Bueno —dijo—, voy a dejar de darte la lata con tanta cháchara, que debo tenerte mareado.

Me hubiera gustado replicarle que no me daba la lata; al contrario, todo lo que me contaba no solo me interesaba, porque aprendía cosas que con otra persona no hubiera podido, sino que además, muchas de sus palabras eran poderosas lámparas... auténticos faros, en medio de mi confusión.

Me acompañó hasta la puerta caminando muy despacio y con evidente dificultad, y desde allí observó cómo me alejaba, moviendo su mano en la despedida.

Habría dado unos cinco pasos cuando escuché su voz reclamando mi atención.

—¿Sabes, hijo?

Me detuve y le miré. Entonces me dijo:

—Para un buen matrimonio hay que enamorarse muchas veces,

Hizo una pausa estratégica antes de concluir:

—Siempre de la misma persona.

Reía al cerrar la puerta; luego, todo fue silencio.

Desanduve el camino e inspiré profundamente mientras me agachaba junto al rosal. La sexta rosa roja se abría paso entre sus compañeras.

La quietud de aquel paraje era como un manto acariciante que me aislaba de todo invitándome a la reflexión.

Esos encuentros con mi viejo pastor me estaban transformando. ¡Cuánta sabiduría se desprendía de su experiencia! Había conocido a muchas personas con una vida cargada de años, pero lo que apreciaba en mi viejo pastor eran años cargados de vida.

¡Qué afortunados eran!

Me detuve y sonreí por mi ocurrencia... ¿Afortunados? Eso no era exacto... más bien fueron sabios. Eligieron bien dónde vivir.

Seleccionaron un lugar en el que cada día de su vida estuviera lleno de sentido, y ese lugar era la cruz.

Decidieron cimentar su hogar a la sombra de la cruz.

Regresé a casa muy despacio, casi deambulando por el campo. ¡Era tanta la paz que sentía! ¡Tantos los consejos que iban archivándose en el disco duro de mi memoria!

Y era tanto lo que amaba a María... este último pensamiento obró como espuelas en mi corazón, haciéndome acelerar el paso.

Poco después, la noche y yo llegamos a la vez al hogar.

SÉPTIMO LUNES

«Si quieres una iglesia sana y sólida, no te enfoques en lo que asombra, sino en lo que transforma. Predica la Biblia».

Pasaron cuatro semanas antes de que volviera a verle. Dos a causa de mis ocupaciones y las otras dos por su precaria salud.

—Si en algo puedo ayudarle... —me ofrecí cuando Raquel me dijo por teléfono que su marido seguía indispuesto y tampoco esa semana podría recibirme.

—Te lo agradezco —me dijo—, lo único que precisa es descansar.

Intuía, sin embargo, que el cuerpo de mí querido pastor acusaba algo más que el cansancio.

Días después el teléfono sonó por fin y fui convocado para el lunes siguiente.

Cuando llegué, el calor se estaba desplomando sobre aquel paraje y el sol, afirmando por momentos su monarquía, abofeteaba cada uno de los cuatro lados de la casa.

Las paredes encaladas refulgían bajo sus rayos. Me sorprendió que pese a ello el rosal del macetón siguiera fresco y exuberante. Las rosas rojas se mantenían vivas, más que nunca, sus pétalos parecían de cristal.

«¿Cómo es posible, pensé, que no se marchiten?»

El jardín estaba un poquito descuidado, y el césped más crecido de lo normal, cosa extraña.

—Buenas tardes. Me alegra volver a verte —me saludó una Raquel más cansada que de costumbre. Él, como yo esperaba, no salió a recibirme.

—Si no te importa —me dijo ella—, hoy charlaréis en su habitación, está acostado, pero te espera con impaciencia.

Toqué levemente su espalda para que se detuviera.

—¿Qué le ocurre a su marido, Raquel?

Mi preocupación me llevó a cruzar el límite de la discreción.

—Sé que algo serio le pasa, dígame, por favor, ¿qué es?

Agachó la cabeza y así la mantuvo por casi un minuto. El leve estremecimiento de sus hombros me hizo comprender que Raquel lloraba. Por unos instantes lamenté haberle preguntado y no supe qué hacer. Finalmente, con timidez y reparo, posé mi mano sobre su hombro y allí la dejé intentando transmitir cercanía.

Raquel se rehizo y levantó la cabeza. El brillo en sus ojos no era hoy fruto de la determinación.

—Cáncer —logró decir. Luego volvió a inclinar su rostro.

Una sola palabra pero afilada como un estilete y destructiva como una bomba.

Si ante sus lágrimas no supe qué hacer, ahora me resultaba imposible encontrar qué decir.

Me apoyé en la pared del breve pasillo intentando recomponer mis emociones sacudidas.

—¿Es grave?

Me mordí los labios al constatar lo absurdo de mi pregunta.

Transcurrieron varios segundos de silencio, por lo que ya no aguardaba la respuesta:

Por fin habló, pero su voz era un susurro:

—Dos meses; con suerte, cuatro. El tumor estaba muy escondido y para cuando dio la cara había dejado secuelas en demasiados órganos vitales.

El corazón me subió a la boca como un vómito de dolor. Mis ojos estaban fijos en Raquel, pero no la veía. La conmoción me mantuvo mudo durante largo rato, al cabo del cual acerté a preguntar:

—Supongo que tendrá los mejores médicos, ¿no?

—Por supuesto, pero de cualquier modo, no es una enfermedad fácil de llevar.

—¿Lo sabe él?

—Desde el primer momento, y lo ha asumido con una serenidad deliciosa. También lo era la sonrisa de Raquel, que había retornado a su rostro, iluminándolo.

—Su fe es una columna que mantiene intacto su edificio y un mástil que sostiene en alto su bandera.

—Me suena esa frase —dije—. Él la usó en uno de sus sermones.

—Lo predicó varias veces y ahora demuestra que sabe vivir lo que predica. Hace tres meses que empezó a mostrar síntomas demasiado elocuentes y desde el principio supo que era algo serio, pero jamás le he visto titubear.

—¿Dónde encuentra fuerzas?

—En la cruz.

No tardó ni dos segundos en responder con absoluta firmeza.

—Es su puerto de descanso. Allí cura sus heridas, reposa y se restaura.

—Su esposo ama intensamente a Dios —le dije a Raquel en un susurro.

—Y se siente amado por Él.

Hablaba con devoción.

—Cuando los dolores aprietan, él repite con dulzura: «Más sufrió Él por mí... más dura fue la cruz, y lo hizo por amor...»

Selló la frase, de nuevo, con una sonrisa.

—Me alegra verla sonreír.

—Amo la sonrisa —me dijo.

—Es bueno sonreír —ratifiqué—. He oído que activa una serie de músculos y hormonas que producen un efecto terapéutico esencial. No obstante, no puedo dejar de admirar a quienes, como usted, son capaces de hacerlo en medio del dolor.

—Lo hago por mi bien, y también por el de mi esposo —afirmó—. La sonrisa produce sanidad, no solo en quien la recibe sino también en quien la da. Eso es un hecho. Como lo es que hay emociones que causan un efecto debilitador sobre el organismo, como el miedo, la desconfianza, el odio, la envidia, la culpa...

Me miró y volvió a sonreír.

—Huye de esos sentimientos como de la peste; pero de la sonrisa no huyas. Sonríe aunque no tengas ganas, es el gesto más sencillo y a la vez el más gratificante. Siempre digo que cuesta poco, pero vale mucho; dura un parpadeo y a veces su efecto sirve para toda la vida. La necesitan hasta los más ricos y pueden ofrecerla hasta los más pobres. Sin duda, es un don de Dios. No se puede prestar, ni comprar, ni robar; se regala. No te olvides nunca de sonreír, aun cuando te parezca imposible hacerlo.

Sus labios curvados en el más dulce gesto me demostraron que también ella vivía lo que predicaba.

—Pasa, por favor.

Mi viejo pastor estaba muy pálido, pero cuando me asomé a la puerta de su dormitorio me saludó, alzando sus brazos, con gran cordialidad. ¡Qué ganas tenía de volver a verte!

—¿Qué tal se encuentra?

La voz me tembló.

—Bueno, esta máquina se niega a funcionar como debe —se tocó levemente en el costado—. Pero ya me encargo yo de hacerla andar.

Rió levemente y su tenue carcajada encendió mil lámparas en mi ánimo abatido.

Cartas de amor escritas para ti

Sobre su pecho descansaba su Biblia, gastada a fuerza de amarla y subrayada en el empeño de estudiarla. Los márgenes estaban llenos de notas y los bordes de las páginas rizados.

—Está hecha un desastre —se disculpó al reparar en mi atención—. Raquel me ha dicho mil veces que debo comprar una nueva, pero no soy capaz de deshacerme de esta.

La tomó con una dulzura exquisita y la acarició con aquellas manos llenas de manchas en la piel, que se veía muy seca, de venas hinchadas, de huesos que se traslucían, pero que moviéndose sobre la Biblia no parecían manos, sino alas de ángeles.

—Me ha acompañado tanto tiempo que no me veo sin ella.

—No cabe duda de que disfruta leyéndola.

Me sentí un poco acusado al ver la devoción de ese hombre por su Biblia.

—Es mi deleite. Ningún otro, te lo aseguro —y lo repitió con una determinación irrebatible—, ningún otro libro me ha hecho crecer como este. Cada mañana tiene un mensaje nuevo para mí y cada tarde puedo recrearme en sus historias. Cualquier libro informa, pero este transforma. En mi biblioteca hay casi dos mil volúmenes que contienen datos, pero este —apretó la Biblia contra su pecho—, este es el único que contiene poder.

—¿La lee entera cada año? Poco tiempo atrás unos amigos y yo estuvimos discutiendo sobre la conveniencia de leer la Biblia entera cada año.

—No estoy seguro —confesó—. Ni tampoco me importa. Prefiero asegurarme de leerla cada día.

—¿No le ocurrió alguna vez que las ocupaciones le impidieran tener tiempo para estudiarla?

—No tengas la Biblia como tu libro de trabajo. Conviértela en la colección de cartas de amor que Dios escribió para ti; entonces, el leerla dejará de ser una obligación para convertirse en un deleite.

La abrió y rebuscó entre las páginas con sus dedos largos, delgados y temblorosos, como ramas de sarmiento.

—Mira —su dedo índice temblaba ostensiblemente sobre el versículo subrayado—. Esta nota la hice un día en que la Biblia me aportó un mensaje de ánimo en medio de mi derrota. Esta otra anotación —había saltado de página con enorme agilidad— corresponde al momento en que el texto sagrado se convirtió en una escalera capaz de alzarme del profundo valle de desánimo en que me veía sumido.

Antes de afirmar: «Este libro es un verdadero cofre repleto de tesoros y joyas apropiadas para cada ocasión», me miró con una dulzura extasiante y también aquietante.

—Desde luego, nadie puede negar que ama usted su Biblia.

—No es mérito mío, te lo aseguro.

Su devoción tan solo era comparable a su humildad.

—¿Cómo no voy a amarla si me ha salvado la vida tantas veces?

—¿Salvarle la vida?

—Mira —me dijo, tomando su Biblia y agitándola ante mí con la escasa energía que brotaba de su cuerpo—. Este libro es el barco que me aproxima al puerto más seguro. A veces subí a esta nave absolutamente exhausto, pero ella me llevó hasta la cruz. Allí me sentí renacer. ¿Por qué son tan pocos los lugares donde todavía se predica el mensaje íntegro de la Biblia? ¿Por qué son tantos los que prefieren contar otras historias? Puede que haya mensajes más atractivos, pero ninguno más poderoso. Muchos temas pueden entretener, pero no salvar. Otras cuestiones pueden asombrar, pero solo la cruz nos puede transformar.

Volvió a depositar la Biblia sobre su pecho y tomó mi mano entre las suyas, mirándome con urgencia.

—Al desarrollar tu ministerio, no te enfoques en lo que asombra, sino en lo que transforma... Ellos no acuden a la iglesia para quedar atónitos con la elocuencia del que predica; van allí a comer el alimento más antiguo y a la vez el más imprescindible, el mensaje de la Palabra de Dios. ¿Has oído hablar de la cocina de diseño?

Asentí con la cabeza y me explicó:

—Platos primorosamente decorados pero que contienen dos gramos de alimento.

Se echó a reír.

—Si yo voy con hambre no quiero florituras, lo que quiero es comida. Hay mensajes tan decorados como vacíos. Huye de ellos. Por otro lado, Dios me ha concedido el don de escuchar predicaciones tan ungidas... tan llenas de Biblia y respaldadas por el Espíritu que, terminada la reunión, pude decir: Hoy he comido. No seas un cocinero de diseño sobre el altar de la iglesia. Se contundente en la cocina, para ello los elementos primordiales son: Biblia, estudio y rodillas. Aplica buenas dosis de estas cosas y luego sí, decora cuanto quieras el plato y busca la excelencia en la presentación, pero asegúrate antes de que tenga materia nutritiva.

PÁNICO EN EL TÚNEL

Mirando a mi viejo pastor y calibrando la pasión que sentía por la Biblia no pude evitar sentir un latigazo en mi conciencia al recordar un episodio vivido no mucho tiempo atrás.

Todo ocurrió mientras viajaba en el metro de Madrid. Bajo mi brazo llevaba mi Biblia. La Biblia grande de tapas negras y cantos dorados que me acompañaba cada domingo a la iglesia.

De pronto, un grupo de muchachos que viajaban en el mismo vagón, comenzaron a mirarme insistentemente. Supe, con seguridad, que esos chicos se habían dado cuenta de que lo que yo llevaba bajo el brazo no era un diario deportivo, sino un libro religioso. Y no me cupo ninguna duda porque empezaron a cuchichear entre sí, y a señalarme mientras se reían.

Mi reacción fue fulminante. En la primera parada me bajé del tren y aguardé al siguiente. Pero, debo confesarlo, me quité la chaqueta y en ella envolví cuidadosamente mi Biblia, para que no se viera. Un inmenso sentimiento de pena me embargó enseguida; era una mezcla de sensaciones entre las que prevalecían la culpa y la tristeza. La sentencia del evangelio resonaba en mi mente con la fuerza de los truenos: «el que se avergonzare de mí y de mis palabras... el Hijo del Hombre se avergonzará también de él...» (Marcos 8.38). La admirable osadía del apóstol me acusaba: «Porque no me avergüenzo del evangelio, porque es poder de Dios para salvación» (Romanos 1.16). El tren se había sumido en la oscuridad del túnel, y yo también. Una tiniebla de culpa me impregnaba todo. Lentamente introduje mi mano en la chaqueta que apretaba contra mi pecho. Cerré con fuerza mis dedos en torno al libro sagrado y lo extraje lentamente. Fue casi inmediato: Algo muy próximo a la paz me inundó. Abrí la Biblia y comencé a leer: «Por lo cual Dios no se avergüenza de llamarse Dios de ellos; porque les ha preparado una ciudad» (Hebreos 11.16). Sentí que Dios me sonreía, me señalaba y me decía: «Eres mi hijo, yo soy tu padre... me siento orgulloso de ti». En eso estaba cuando escuché una voz suave y cristalina a mis espaldas:

—Señor, ¿eso que lee usted es la Biblia?

Me giré para encontrar unos ojos azules como dos pedazos de cielo que me sonreían con la inocencia pura de la niñez.

—Sí —le dije, un poquito abrumado—. Estoy leyendo la Biblia.

—Yo también, Señor —la niña, porque se trataba de una niña, me mostró una Biblia infantil con las tapas casi separadas de las hojas. Deteriorada completamente a causa de su uso—. Mire, señor, este es mi pasaje favorito: «Dejad a los niños venir a mí y no se lo impidáis...» ¡Qué bueno era Jesús! ¿Verdad, señor?

En el silencio de aquel tren la voz de la niña se escuchaba amplificada, pero para mí supuso un susurro celestial. Muchos ojos nos taladraban con curiosidad, pero la niña seguía mostrando lo más hermoso que había leído en la Biblia.

—Pues mi pasaje favorito —casi lo grité—, es este que aparece en el Evangelio de Juan capítulo tres y versículo dieciséis. ¿Lo conoces?

—¡Qué guay! —gritó la niña con ilusión infantil.

—¿Puedes explicármelo?

Anochecía, pero el calor seguía siendo sofocante cuando abandoné la casa de mi viejo pastor. Ni una pizca de aire soplaba y la inmovilidad era absoluta en aquel paraje despoblado, pero deliciosamente inspirador.

No me sorprendió descubrir una nueva rosa roja que iniciaba a abrirse entre sus compañeras. Estas se conservaban intactas pese al discurrir del tiempo. Sus pétalos lucían frescos, y aun entre las sombras destacaban por su perfección y belleza.

OCTAVO LUNES

«Para combatir la oscuridad es más efectiva la sencilla
llama de una vela que una impresionante,
pero efímera, explosión de fuegos artificiales».

Aquel lunes llegué un poco más temprano de lo normal y prometí a Raquel que sería breve en mi visita. Por nada del mundo quería robar las escasas energías que le quedaban a mi viejo pastor.

—No te preocupes —me tranquilizó ella—. Tus visitas recargan sus baterías y están siendo un poderoso aliciente en este tiempo difícil.

Cuando abrimos la puerta de su habitación vimos que dormía.

—Son los sedantes —se disculpó Raquel—. Apaciguan sus dolores pero le sumen en un dormir y velar casi constante.

—¿Le importa si me siento cerca de su cabecera? —pregunté a la bondadosa esposa—. Leeré un poco mientras despierta.

Cuando Raquel se retiró me mantuve unos segundos observando y escuchando el plácido dormitar de mi viejo pastor.

Viéndole cómo descansaba se me asemejó a la imagen del valeroso soldado que reposa después de la batalla.

—Duerme y descansa —susurré consciente de que no me oía—. Tu vida ha cubierto un propósito y en el camino has dejado huellas sobre las que otros queremos pisar...

Me sobresalté al sentirme enfocado por la mirada de mi viejo pastor que abrió los ojos de improviso.

—¿Estás aquí? —se disculpó—. Lo siento. Me paso el día durmiendo. Creo que aburro tanto a Raquel con mis historias que me induce el sueño para mantenerme callado.

—No creo que sea eso —reí, palmeando su brazo con cariño—. Le conviene descansar, y si quiere seguir durmiendo puedo marcharme y regresar en otro momento.

—¡No, por favor! Tu compañía me hace bien. Charlar contigo me hace aprender cosas.

—¿Aprender cosas?

Me quedé perplejo ante aquellas palabras de un sabio de ochenta y tres años dirigidas a un novato como yo. Pensé en lo inspiradora que es la humildad.

—¿Sabe? —le comenté—. No he dejado de pensar en las palabras que me dijo el lunes pasado: «No te enfoques en lo que asombra, sino en lo que transforma». Di muchas vueltas a su consejo y estoy convencido de que contiene un principio importante.

—Hijo —el gesto de mi viejo pastor no dejaba ninguna duda respecto a que el tema le inquietaba—, temo que demasiadas iglesias han claudicado de responsabilidades cruciales ante la presión de la moda. Han variado el enfoque de su ministerio, orientándose a satisfacer las expectativas humanas más que las divinas. El resultado es que, en ocasiones, lo que debería ser un culto a Dios se convierte en un culto a las emociones. Transforman el sencillo y poderoso acto de adorar en un espectáculo donde lucir habilidades y provocar sensaciones, logrando asombrar a un público ávido de novedades electrónicas y efectos especiales.

Mi viejo pastor guardó silencio para asegurarse de que le seguía.

—Entiendo —asentí—. Iglesias más preocupadas por reunir fieles que por convocar la presencia de Dios.

Yo no les llamaría fieles, porque se irán en cuanto oigan de un programa más atractivo. Pero algo así. Algo así es lo que ocurre, y las consecuencias son evidentes: Templos abarrotados de creyentes que saltan y se sacuden al ritmo de la música como epilépticos en crisis. Gritan y hasta lloran, emocionados por un show mucho más electrónico que espiritual, pero que luego salen de sus iglesias y se mezclan en la sociedad sin marcar ninguna diferencia... ninguna en absoluto.

Me miró escrutando la reacción que provocaban en mí sus palabras.

—Entiéndeme, no tengo nada en contra de la buena música ni de la tecnología de vanguardia. Aprecio que una iglesia sea contemporánea y relevante en su alabanza y en su predicación. Entiendo que para alcanzar a la sociedad del siglo XXI no podemos usar los métodos del siglo XIX. Pero creo que el genuino culto a Dios debe provocar cambios en las personas. Lo artificial es distinto. Demasiadas iglesias abren sus puertas, una vez concluido el servicio, y lanzan al mundo a un grupo asombrado por el espectáculo, pero en absoluto cambiado. Asombrados, pero no transformados. Macroiglesias en lo referido a cantidad, pero microiglesias si evaluamos la calidad.

Yo asentía al mensaje de mi viejo pastor, lo cual le animó a seguir:

—Nuestra pregunta suele ser: ¿Cuántos? ¿Cuántos levantaron la mano en respuesta al llamado? ¿Cuántos hemos logrado reunir? ¿Cuántos sermones hemos predicado? ¿Cuántas iglesias hemos abierto?

Su gesto era evocador y había firmeza en sus palabras.

—Las preguntas de Dios son: ¿Quiénes? Y ¿cómo? ¿Quién levantó la mano? ¿Quién predicó el sermón? ¿Cómo es la vida de quien lo hizo? ¿Cómo es la iglesia que hemos abierto? ¿Quién sirve en ella? ¿Cómo se conducen los que se rindieron a mí?

Cerró los ojos y los mantuvo así tanto rato que pensé que de nuevo se había dormido, pero luego los abrió y me pidió:

—¿Serías tan amable de darme esa caja de madera que hay sobre la cómoda?

Se la pasé y la sostuvo sobre sus piernas, sin abrirla, mientras me explicaba:

—Raquel y yo solíamos veranear en un pequeño pueblo pesquero del litoral alicantino. Un lugar tranquilo que aún conserva tradiciones de los pescadores de antaño. Nos encantaba acercarnos al puerto a la caída de la tarde y ver llegar los barcos que habían estado faenando desde muy temprano. Varias veces asistimos a la tradicional subasta del pescado capturado, donde los diferentes propietarios de comercios y restaurantes pujaban para llevarse las mejores piezas al mejor precio. Pero uno de los momentos más especiales de nuestras vacaciones tenía lugar una noche del mes de julio. Era el día en que en la playa encendían lo que llamaban «castillo de fuegos artificiales». Cada año ocurría lo mismo. Cuando comenzaba a anochecer la multitud se aproximaba a la playa y tomaba posiciones lo más cerca posible del mar. A las doce en punto se apagaban las luces del paseo marítimo y todo quedaba sumido en total oscuridad. De repente el primer cohete surcaba el aire y explotaba en la altura, convirtiéndose en un millón de partículas de diversos colores. Eso marcaba el inicio. A partir de ese momento el cielo nocturno se convertía en un lienzo donde con fuego y pólvora se pintaban los más bellos cuadros de luz. Durante los siguientes quince minutos la atmósfera se llenaba del sonido de las explosiones, mezclado con el de las exclamaciones de admiración y asombro de cuantos asistíamos a aquel impresionante espectáculo pirotécnico. Todo se preparaba a conciencia para lograr un cuarto de hora de asombro y admiración. Las últimas explosiones, tan fuertes que hacían vibrar el suelo sobre el que estábamos sentados, anunciaban que todo había terminado y retornaba el silencio, y de nuevo la oscuridad.

—Debía ser bonito —repliqué—. Lo ha descrito con tal lujo de detalles que casi he podido ver las luces en el cielo y escuchar el sonido de las explosiones.

—Lo era, en efecto —admitió mi viejo pastor—. Era realmente bonito, pero, pasada esa noche, cada año hacía lo mismo: madrugaba al día siguiente y recorría la misma playa en la que pocas horas antes todos habíamos quedado boquiabiertos de asombro, ¿sabes lo que encontraba?

Sin aguardar mi respuesta abrió la caja que tenía sobre su regazo y del interior extrajo pedazos de cartón quemados, cables y mechas carbonizadas.

—Esto quedaba esparcido sobre la arena.

Lo sostuvo y observé que sus manos se habían ensuciado con los restos de pólvora y cartón quemado.

—Son las carcasas destrozadas de aquellos cohetes que nos dejaron admirados. Las mechas y los cables que contribuyeron a un efímero espectáculo.

Y sentenció:

—Quince minutos de gloria y luego cartones quemados.

Sonreí ante lo didáctico del ejemplo.

—Podría provocar nuestra risa de no tratarse de algo tan triste porque, hijo mío, estos cartones quemados me recuerdan a demasiadas personas que asombraron durante un breve tiempo pero luego terminaron convertidos en carbonilla. Seres carismáticos, excelsos predicadores, hombres y mujeres que cantaban como los ángeles o hacían una música digna de las estrellas... pero después de asombrar, desaparecieron o tiznaron de negro a quienes se acercaron buscando algo más de ellos. Sí —repitió con un creciente deje de tristeza—, hay demasiados que en la distancia asombran, pero manchan en la proximidad.

Mi viejo pastor volvió a introducir la mano en la caja de madera y ahora extrajo una sencilla vela blanca.

—¿Quieres apagar la luz, por favor?

Pulsé el interruptor y la habitación quedó a oscuras, mi viejo pastor encendió un fósforo y con él prendió la vela, cuya llama se mantuvo erguida.

—Esto es mejor —afirmó—. ¿Ves? Esta pequeña llama... este punto naranja que ni siquiera se ve durante el día, resulta, en medio de la noche, como un faro para los navegantes, para que se orienten en la oscuridad. ¿Aprecias cómo esta sencilla luz ha vencido a la oscuridad? No asombrará a nadie, pero será capaz de rasgar las tinieblas. Esta vela representa a los cientos de hombres y mujeres que mediante actos sencillos, sutiles y nada llamativos, provocan cambios y encienden luces en su entorno. Pide a Dios el don de muchos de estos en tu iglesia.

—Admirable —musité, impresionado—. Es una ilustración poderosa.

—¿Sabes que la luz de una vela puede ser vista a veintisiete kilómetros de distancia?

Guardó un silencio estratégico para que pudiera asimilar lo contundente de aquel mensaje y luego añadió:

—Solo una cosa es necesaria: oscuridad.

Me miró intensamente.

—Hijo, hay tinieblas suficientes como para que precisemos un verdadero ejército de sencillas velas. Diminutas llamas serán las que provoquen los cambios más poderosos. No tengo la menor duda de que Albert Einstein fue un verdadero sabio, pero no solo contribuyó al avance de la ciencia sino que también tenía una sabiduría más profunda. En una ocasión dijo: *En lugar de ser un hombre exitoso, busca ser un hombre valioso; lo demás llegará naturalmente*. No te enfoques en lo que asombra, sino en lo que transforma. No te dejes impresionar por los fuegos artificiales que sorprenden diez minutos y luego manchan. Busca algo más profundo. No pongas tu meta en asombrar a tu auditorio, no descanses hasta tener la certeza de que tu ministración cruzó la frontera del alma y tocó su espíritu, el lugar donde se producen los cambios.

Sopló la llama de la vela, que se apagó, y yo pulsé el interruptor para encender la luz.

Mi viejo pastor me extendió la caja y tomándola la deposité sobre la cómoda. Cuando me giré descubrí que el anciano se había quedado dormido.

Respiraba con placidez, exhalando una paz sobrenatural.

Dormía, pero su mensaje a mí me había despertado.

Salí despacio, intentando no interrumpir el descanso de mi viejo pastor. Ni siquiera vi a Raquel al dirigirme hacia la puerta y enseguida me encontré arrodillado junto al rosal.

Una pequeña rosa iniciaba a abrirse. Era la octava flor roja que se abría en el rosal. Ni siquiera su aroma era aún evidente, pero exhibía la pureza de su sencillez en medio de la noche.

Bajo el cielo, oscurecido definitivamente, levanté una oración: «Así quiero ser, Señor, un instrumento sencillo cumpliendo un propósito eterno. La herramienta más inútil, pero en las manos más útiles: las tuyas».

NOVENO LUNES

«La fidelidad se demuestra permaneciendo.
Los árboles cuya madera es más cotizada crecen en
las laderas más duras de la montaña».

—La cruz a veces se antoja pesada, ¿verdad?

Al hacerle la pregunta sabía que estaba ante un hombre que cargaba su cruz con admirable fidelidad.

—Es fundamental la perseverancia —aclaró—. «Niéguese a sí mismo», dijo Jesús, «y tome su cruz cada día». Hay cristianos de primavera que en el invierno desaparecen. Son como las aves que emigran constantemente en busca de climas cálidos. El auténtico cristiano se caracteriza por la fidelidad. ¿Oíste hablar de Francis Nichol?

—Nunca —reconocí.

—Tampoco yo conozco mucho de él, salvo una frase que se le atribuye y que hace tiempo me dejó pensativo: *Cuando llegas a comprender cabalmente la raíz de la palabra éxito, descubres que quiere decir sigue adelante.* Creo que el cuadro que pretende pintar es el de un árbol que soporta las inclemencias, pero permanece allí, donde fue plantado.

—A veces —arriesgué— el viento puede soplar tan fuerte que amenaza con desarraigarnos.

—Pero lejos de eso —rebatió con determinación—, lo que logra la tempestad es fortalecernos. ¿Sabes que las industrias madereras no solo tienen personas que se ocupan de la tala de árboles, sino que cuentan también con técnicos en reforestación? Saben dónde plantar un árbol para que su madera sea de buena calidad. Cuando van a reforestar un monte recorren sus laderas hasta encontrar los puntos donde aparece lo que ellos denominan «signos de estrés».

—¿Signos de estrés?

—Sí. Los signos de estrés son las zonas del monte más expuestas a los vientos y tormentas. Allí, donde son más evidentes los signos de tensión es donde plantan los árboles. Desde el primer momento estos arbolitos conocen la crudeza del invierno y los rigores del verano. Cuando llegan las fuertes tempestades saben que la única opción para sobrevivir es hincar más sus raíces y en los tiempos de sequía extrema profundizan con esas raíces en busca de manantiales subterráneos. En este duro proceso su tronco se va endureciendo. Claro que no todos sobreviven, pero aquellos que lo logran, tendrán la mejor madera... la más codiciada y cotizada.

No cabe duda entonces de que sufrir nos fortalece, siempre y cuando el viento no sea tan fuerte que nos tumbe.

—Es el caso de los árboles, pero no el de nosotros, para eso está la fe. La ansiedad es capaz de mantenernos toda la noche despiertos, pero la fe es una magnífica almohada. Lo más importante no es iniciar la carrera, sino hacer el firme propósito de llegar a la línea de meta. Déjame que te cuente.

Era su frase introductoria, por lo que me dispuse a escuchar otra de sus interesantes historias.

Existe una anécdota del gran pintor, escultor e inventor Leonardo Da Vinci, acerca de su cuadro La última cena, una de sus obras más copiadas y vendidas a lo largo de la historia y que Da Vinci tardó veinte años en realizar, dado que era muy exigente a la hora de buscar a las personas que debían servir de modelos. De hecho, tuvo problemas para dar comienzo al cuadro, porque no encontraba el modelo que pudiera representar a Jesús, quien tenía que reflejar en su rostro pureza, nobleza y los más bellos sentimientos. Asimismo, debía poseer una extraordinaria belleza varonil. Al fin, encontró a un joven con esas características, y fue la primera figura del cuadro que pintó. Después, fue lo-

calizando a los doce apóstoles, a quienes pintó juntos, dejando pendiente a Judas Iscariote, pues no daba con el modelo adecuado. Debía ser una persona de edad madura y mostrar en su rostro las huellas de la traición y la avaricia, por lo que el cuadro quedó inconcluso por largo tiempo, hasta que le hablaron de un terrible criminal que habían apresado. Fue a verlo, y era exactamente el Judas que él quería para concluir su obra, por lo que solicitó al alcalde que permitiera al reo posar para él. El alcalde, conociendo la fama del maestro, aceptó gustoso y mandó llevar al reo al estudio del pintor, encadenado y custodiado por dos guardias. Durante todo el tiempo, el reo no dio muestras de emoción alguna por haber sido elegido para modelo, mostrándose sumamente callado y distante. Al final, Da Vinci, satisfecho del resultado, llamó al reo y le mostró la obra. Cuando el reo la vio, enormemente impresionado, cayó de rodillas llorando. Da Vinci, extrañado, le preguntó el porqué de su actitud, a lo que el preso respondió: Maestro Da Vinci, ¿es que no me recuerda? Da Vinci, tras observarlo detenidamente, le contestó: No, nunca antes te he visto. Llorando y pidiendo perdón a Dios, el reo le dijo: Maestro, yo soy aquel joven que hace diecinueve años escogió usted para representar a Jesús en ese mismo cuadro.[1]

Mi viejo pastor estaba fatigado al concluir la historia. Sin decirme nada cerró los ojos y creo que dormía.

Lentamente me levanté dispuesto a abandonar la habitación, dejándole descansar, pero cuando tenía la mano en el pomo de la puerta escuché que me llamaba. Con su mano me hizo señas para que me acercara.

—Recorre el camino de la cruz hasta el final —me dijo. Sus ojos tenían una lámina de agua sobre la que se mecía una dulce sonrisa—. No abandones. La cruz tiene lo suyo... pero no hay nada más bello, ni más digno de abrazar.

La noche era un manto oscuro y cálido cuando salí de la casa. La luna dibujó mi sombra y bajo su aura hice la firme proposición de que tenía que escribir todo esto en un cuaderno de memorias. El cuaderno que tú ahora estás leyendo.

Volví a detenerme ante el rosal plantado en el enorme macetón. Las rosas blancas permanecían erguidas y entre ellas la leve brisa nocturna mecía a las rojas de los pasados lunes, aún frescas y jugosas. A su lado una nueva iniciaba a abrirse, sus breves pétalos, aún arrebujados, mostraban un color púrpura que destacaba en la negrura.

Permanecí de pie, junto a la puerta y miré al cielo, a los añicos de noche que envolvían las estrellas.

Dios está enamorado de nosotros, me había dicho mi viejo pastor. La naturaleza nos ofrece mil presentes que demuestran el amor que Dios nos tiene.

Durante la cena, compartí con María la historia de Da Vinci.

—Es una buena historia —dijo, como único comentario.

—Lo que el viejo pastor quería enfatizar —aclaré— es la importancia de tomar la cruz como un camino y recorrerlo dignamente, sin abandonar.

DÉCIMO LUNES

«Si quieres ejercer una influencia decisiva, siéntate cada día
a los pies de Cristo y luego cuéntale al mundo lo que has visto».

—**D**eberías venir —me dijo Raquel al teléfono, rechazando mis evasivas—, de verdad que no le harás mal. Creo que el tiempo que pasa contigo rejuvenece.

Acepté el halago pero acudí con la firme decisión de ser breve y no cansarle.

Octubre había entrado sin nubes ni frío; tan solo unos jirones de niebla blanda que, a medida que se fueron disipando, levantó el cielo, tiñéndolo de azul. Ahora la tarde era templada y todo era reposo en torno a la casa. Los árboles que la rodeaban, cuyas hojas, a lo largo de septiembre, habían adquirido un tono amarillo o de herrumbre oscura, liberaban ahora una muda de piel muerta, que fruncría de amarillo el suelo y que el viento habría de llevarse en noviembre.

Miré por unos segundos las hojas que crujían bajo mis pies.

«¿Será esto lo único que se llevará el viento de noviembre?», me estremecí pensando en mi viejo pastor.

Le encontré acostado, como esperaba, y bastante más delgado, pero igual de sonriente.

—Enseguida traeré un café —anunció Raquel, preguntándole—: ¿Quieres unas galletas?

Negué con la cabeza; con la misma cabeza que me recordaba que desde la mañana no había comido nada. Pero no quería dar trabajo a la buena de Raquel. Bastante tenía la pobre.

Es posible que mi viejo pastor leyera mis pensamientos o tal vez haya escuchado quejarse a mi estómago, porque pidió a su esposa:

—Tráele de esas galletas que has horneado.

—Hizo la sugerencia con una voz más débil que de costumbre, y mirándome, añadió:

—Verás que no has probado nada mejor en tu vida.

Ella le sonrió, agradecida y tímida a la vez, mientras un leve rubor teñía sus mejillas.

Raquel llegó enseguida con el humeante café y una bandeja de galletas.

—Pruébalas, pruébalas —dijo mi pastor con insistencia casi infantil.

—Hmmmm ¡Están deliciosas!

Cerré mis ojos en el siguiente bocado.

—De verdad, exquisitas.

—¿Qué te dije?

Hizo un intento de incorporarse para enfatizar sus palabras.

—Es una cocinera extraordinaria.

Me encantó aquella capacidad de emocionarse por un hecho tan sencillo y en medio de su terrible enfermedad. Ese gesto me hizo recordar la acertada reflexión que escuché hace tiempo: *Muchas personas se pierden las pequeñas alegrías mientras aguardan la gran felicidad. Es quizás más afortunado disfrutar coleccionando caracolas que el haber nacido millonario.*[1] ¡Qué gran verdad encerraba ese pensamiento!

Raquel se inclinó y besó los labios de su esposo con ternura.

—Eres muy exagerado —le dijo, mientras acariciaba su mejilla.

Antes de que Raquel retirara su mano, mi viejo pastor la tomó y se la besó.

—No exagero nada, Raquel. Estoy orgulloso de ti.

Me sentí un intruso invadiendo su espacio íntimo, pero disfruté plenamente de la tierna escena. No me cupo duda, el cuadro al que estaba asistiendo tenía mucho que ver con nuestras últimas reflexiones: Servir a los demás y negarnos a nosotros mismos. Era lo que estos ancianos habían hecho toda su vida y era, también, lo que hacían ahora el uno por el otro.

Allí, ante mí, había dos héroes de la cruz. Ambos tenían su particular dolor, pero decidían ignorarlo para volcar su amor en el otro.

Cuando Raquel hubo salido, él se incorporó con evidente dificultad, y me pidió que le diera un sobre del primer cajón de la cómoda.

Se lo entregué y extrajo un papel que los años habían vuelto amarillento.

—Mira —desdobló la hoja y me la pasó—. Es una breve carta que escribí a un pastor veterano cuando yo mismo, un medroso e inexperto jovencito, asumí el pastorado de la iglesia que tú conoces bien.

La hoja tenía los dobleces muy marcados y la tinta estaba algo diluida, pero todavía era legible. Pude, incluso, distinguir que la carta había sido escrita con la misma estilográfica con la que había redactado cada uno de sus sermones.

Le pedí permiso con la mirada y con un gesto de su mano me animó a iniciar la lectura.

Estimado pastor Rodríguez:

Le ruego disculpe el atrevimiento de dirigirme a usted y robar unos minutos de su valioso tiempo. Es la necesidad de consejo lo que me lleva a escribirle.

Acabo de ser ordenado pastor de una pequeña capilla y siento que la responsabilidad me supera. Enfrento este sublime reto con una mezcla de sensaciones entre las que predominan el temor y la ansiedad.

De un lado me siento privilegiado por servir a nuestro Dios, pero del otro me embarga el miedo por no saber cómo hacerlo. Temo fallar a tan altísima llamada y le ruego algún consejo que me permita iniciar con efectividad y acierto esta singular andadura.

Agradecido sinceramente le saludo con afecto y admiración.

Miré a mi viejo pastor, y él, apercibido, me clavó la mirada un instante. Intenté reconocer en él al jovencito ingenuo que décadas atrás había redactado aquella petición de auxilio, pero no lo conseguí.

¿Habrán sido los años que transformaron a un joven asustado en un siervo vigoroso y tocado por una autoridad incuestionable?

Me respondí que no.

Sin dejar de mirar su rostro surcado por arrugas que se me antojaban marcas de guerra, concluí que no... los años de vida no fueron responsables de aquel cambio... no fueron los años de vida, no... sino la vida que inyectó en esos años.

—Ya lo ves —dijo, tomando la hoja y volviendo a plegarla—. Yo también tuve temores. Muchos y muy grandes.

—¿Recibió alguna respuesta? —pregunté con impaciente interés.

—Aquí la tienes.

La hoja que ahora me entregaba era tan antigua como la anterior. Al desplegarla observé que estaba fechada veinte días después que la primera.

Querido colega:

Aprecio y agradezco la confianza que supone tu pregunta. Asimismo te felicito por haber aceptado el reto del pastorado. Es un riesgo, no lo dudo, pero encierra, a la vez, un alto privilegio.

Me pides un consejo, y me siento inadecuado para dártelo. Yo todavía estoy aprendiendo, pese a que hace tres semanas celebré mi setenta y cinco cumpleaños.

No será un consejo lo que compartiré contigo, sino una clave que a mí me ha funcionado:

Lo primero que hice cada día; la primera ocupación a la que me entregué cada mañana, fue arrodillarme a los pies de Cristo y contemplarle en adoración. Esa visión ha transformado mi vida.

Puede parecer simple, pero no lo cambio por nada. Entregarme a la intimidad con Jesús en los primeros minutos del día ha sido el motor de mi vida y ministerio.

Sentado a sus pies le he admirado y me he recreado en su presencia... lo demás vino por sí solo.

Cuando Él habla, su voz me transforma; todo lo que luego tengo que hacer es reproducir sus palabras. Cuando me mira, me inspira su amor a la vez que me confiere autoridad.

Querido colega. Si me instas a darte un consejo, será este, lee con atención la siguiente frase porque contiene la esencia de cincuenta años de servicio: Siéntate, cada día, a los pies de Cristo y luego cuéntale al mundo lo que has visto.

Afectuosamente en Él.

Por casi un minuto mantuve mi mirada sobre la hoja.

—Siéntate a los pies de Cristo, y luego cuéntale al mundo lo que has visto —dije, por fin, sin levantar la vista de la carta, e impregnándome de la profundidad de aquel escrito. Lo he puesto en práctica cada día —agregó—. Trabajar como si todo dependiera de mí y orar como si todo dependiera de Dios. La suma de la oración y la acción me mantuvo siempre cerca de Él. No he encontrado lugar más delicioso que sentado junto a Jesús. Ese es el secreto para vivir y servir aun en medio de la dificultad.

Yo le escuchaba y meditaba.

No supe qué responder ni tampoco él aguardaba una respuesta. Fijó su mirada en mí, sonrió, y cada pliegue de su rostro cobró luz. Mirándole, recordé la frase que mucho tiempo atrás alguien me dijo: «Puedes fiarte de la persona que se vuelve bella al sonreír».

—¡Enamórate de Dios! —me dijo, con autoridad, pero sin perder la dulzura—. Él está absolutamente enamorado de nosotros. Hay tantas cosas en que lo demuestra: la luz creciente de un amanecer, la decreciente de un crepúsculo. La deliciosa mezcla de colores en la naturaleza. La sinfonía que componen las aves en un bosque cualquiera. Nos rodean mil regalos de un Dios enamorado. Amarle debería ser nuestra prioridad y la motivación única y suficiente para servirle. Mira. A menos que sirvamos motivados por el amor, terminaremos abandonando. No hay energía humana que resista el embate de servir toda una vida; solo el amor nos dotará de la fuerza necesaria para recorrer este camino.

—Amarle —concedí—. Lo entiendo. Pero, ¿cómo puedo amarle más?

—Conociéndole mejor.

Me sorprendió lo espontáneo de su respuesta.

—Él debe ser el centro de tu vida y el corazón de tu ministerio. En cuanto a mí, mientras más le conozco más le amo. Solo búscale, trátale, conócele... amarle será una consecuencia lógica.

No te resultará difícil, al contrario, después de ver su sonrisa te será imposible no hacerlo.

—Le aseguro que lucharé con todas mis fuerzas para llegar a estar tan enamorado de Dios como lo está usted —le dije, en una especie de promesa formal.

Noté en mis ojos la humedad de una lágrima inoportuna que pugnaba por salir.

—Hijo, no tendrás que luchar para enamorarte de Él, simplemente dale cabida en tu vida diaria. Su presencia será para ti lo más natural y llegará un momento en que no podrás vivir sin ella.

Acercó su mano a mi rostro y retiró la lágrima que había logrado precipitarse y resbalaba por mi mejilla. Agregó:

—Simplemente vive con Dios, lo demás vendrá por sí solo, y eso aliviará todas tus preocupaciones. Hace tiempo asumí una convicción muy lógica: *¿Por qué he de preocuparme? No es asunto mío pensar en mí. Asunto mío es pensar en Dios. Es cosa de Dios pensar en mí.*

Le miré, asombrado por tanta sensibilidad impregnada de sabiduría.

—La última frase no es mía —reconoció—. Fue una verdad que proclamó Simone Weil, pero que he adoptado como uno de los lemas de mi vida.

Al abrazarle largamente en la despedida tuve la sensación de tener entre mis brazos a un ser extremadamente frágil pero increíblemente fuerte.

Recordé las palabras con las que un historiador describió a Abraham Lincoln: *Un hombre de acero y a la vez de terciopelo.*[2] Tal descripción coincidía plenamente con aquel siervo a quien mantenía abrazado.

—Siéntate a los pies de Cristo —insistió al deshacer el abrazo—. El mundo se asombrará cuando les cuentes lo que has visto.

Al abandonar la habitación estaba convencido de que aquel cuerpo deteriorado irradiaba un resplandor sobrenatural. Había una luz que ardía en su interior y que le hacía incandescente.

Iniciaba a anochecer cuando salí de la casa. Faltaba poco para que levantaran la dama de noche y el jazmín su olor espeso y cálido, pero la flor roja ya estaba en su lugar, meciendo al viento, con puntualidad extrema, sus incipientes pétalos.

Cuando Raquel cerró la puerta no resistí el impulso de arrodillarme frente al rosal, ni reprimí tampoco la oración que subió hasta mis labios: «Ayúdame, Dios, a vivir recostado en tu corazón y a sincronizar mi latido con el tuyo. Que necesite tu mirada como el respirar y te prefiera a ti antes que a nadie. Que tu voz sea mi deleite y dejar de escucharla mi tortura. Quiero contemplarte largamente para describir al mundo la verdadera belleza».

UNDÉCIMO LUNES

«*El verdadero secreto de la felicidad no consiste en hacer siempre lo que se quiere, sino en querer siempre lo que se hace*».

Llegó el lunes y acudí con ilusión al paraje de quietud donde mi viejo pastor tenía establecido su refugio.

Los días eran cada vez más cortos y aunque durante el fin de semana hizo frío, hoy el aire era tibio.

Contra mi pronóstico, fue él quien hoy me abrió la puerta. Tras un abrazo en el que percibí cariño en porciones gigantescas pero vitalidad en mínimas dosis, caminó delante de mí con pasos muy lentos, como si resbalara despacito por el suelo. Algo me decía que sus días también se acortaban, como las horas de luz en ese otoño que se había tragado al verano.

El tiempo que vaticinaron los médicos para la despedida ya se había superado, pero los síntomas declaraban con cruel elocuencia que el pronóstico terminaría por cumplirse. Sin embargo, eso no parecía afligirle. Sonreía más. Sonreía siempre; como si la expectativa del inminente encuentro con el Amado renovara su ilusión.

Se giró para cerciorarse de que le seguía y una dulce expresión suavizó su gesto, confiriéndole un curioso aspecto infantil.

Cruzamos la cocina y se detuvo junto a la mesa del porche, dejándose caer sobre una silla.

—Apuremos estos últimos rayos. No hay nada como este primer pellizco de sol en el rostro cuando ha hecho frío.

Volvió a sonreír, recordándome a un niño feliz.

—Es maravillosa esta temperatura.

Con su mano me señaló a la silla, frente a él.

—¿Sabes, hijo? —ya me lo llamaba a diario—. Hoy me sentí amado por Dios.

Guardé silencio, disfrutando del tono de enamorado que imprimía a sus palabras:

—Es tanto lo que nos ama; no lo merecemos, pero nos ama incalculablemente.

—Tiene usted razón —asentí, tímidamente.

—¿Me dejarás que te cuente una historia?

—Por favor...

Y así comenzó diciendo:

En un caluroso día de verano, un niño decidió ir a nadar en la laguna detrás de su casa. Salió corriendo por la puerta trasera, se tiró al agua y nadaba feliz. No se daba cuenta de que un cocodrilo se acercaba. Su mamá, desde la casa, miraba por la ventana y vio con horror lo que sucedía. Corrió enseguida hacia su hijo, gritándole lo más fuerte que pudo. Oyéndola, el niño se alarmó y giró nadando hacia su mamá, pero fue demasiado tarde. Desde el muelle, la mamá agarró al niño por sus brazos justo cuando el caimán mordía sus piernecitas. La mujer tiraba de los brazos del niño con todas sus fuerzas. El cocodrilo era más fuerte, pero la madre era mucho más apasionada, y su amor le confería unas fuerzas sobrehumanas. Un hombre que escuchó los gritos se apresuró hacia el lugar con una pistola y disparó repetidas veces al cocodrilo. El niño sobrevivió y, aunque sus piernas sufrieron mucho y debieron ser sometidas a varias cirugías, aún pudo llegar a caminar. Cuando salió del trauma, un periodista le preguntó al niño si podía ver las cicatrices de sus piernas. El niño levantó la colcha y se las mostró. Ante el gesto de preocupación que reflejó el rostro del periodista, el niño, con enorme orgullo, se desprendió de la camiseta y señalando a las cicatrices de sus brazos, le dijo: «Las cicatrices que usted debe ver son estas. Las que dejaron las uñas de mi madre presionando con fuerza para que el cocodrilo no me tragara. Tengo estas cicatrices porque mi mamá no me soltó en ningún momento, y me salvó la vida». [1]

Mi viejo pastor cerró sus ojos emocionado.

—La vida nos infringe a veces daños —susurró—, pero cuando una cicatriz te duela, enfócate en las verdaderas marcas, las provocadas en la cruz. Él no se resignó a perdernos y los clavos que le atravesaron son para nosotros un ancla que evita que el mar nos trague. Eso es gracia, hijo mío, el don inmerecido de su amor.

Su mensaje chorreaba devoción y me conmovía hasta las lágrimas la pasión que aplicaba a sus palabras. Allí, frente a mí, había un hombre casi consumido, pero que recuperaba todo su fervor al meditar en el amor de Dios.

—Solo conozco dos tipos de personas razonables —dijo—. Las que aman a Dios de todo corazón porque le conocen, y las que le buscan con todo su corazón porque no le conocen.

Acababa de citar a Blaise Pascal, el científico francés que demostró una fe genuina durante toda su vida.

—Y nunca olvides que la cruz deja cicatrices —me previno—. Escucha, hijo, cuando tomamos la decisión de llevar la cruz estamos asumiendo el riesgo de padecer. Pero, te lo aseguro, vale la pena hasta sufrir. Hasta morir vale la pena por amor a Aquel que sufrió tanto por nosotros. Por otro lado, las cicatrices de quien sirve a Dios son auténticas credenciales para el ministro. Porque, tú quieres servir a Dios, ¿verdad?

Me miró intensamente, como queriendo leer la respuesta en mis ojos más que escucharla de mis labios.

Tardé unos segundos en responder. Un silencio sagrado se asentó en el porche. Sus ojos seguían escrutando los míos, hasta que por fin hablé.

—El primer lunes que vine a su casa —dije—, estaba decidido a abandonar. Sentía que el ministerio no era para mí. Pero los días que hemos compartido... las enseñanzas y el ejemplo que me ha dado, hacen que en este momento tenga la seguridad de que jamás sería feliz si no fuera sirviendo a Dios.

Una gruesa lágrima se deslizó muy despacio desde el ojo derecho del anciano, recorrió la piel bordeando la nariz, rozó sus labios y cayó sobre su mano que tenía apoyada en el regazo. A medida que su salud se desmoronaba su sensibilidad se acentuaba.

Fue con la voz quebrada por la emoción que me dijo:

—El secreto de la felicidad no consiste en hacer siempre lo que se quiere, sino en querer siempre lo que se hace. Estoy seguro de que María y tú amáis a Dios y amáis también su obra. Vuestras cicatrices lo demuestran... Seguid amando... seguid sirviendo... Ocupaos de los asuntos de Dios y no tengáis la menor duda de que Él se ocupará de los vuestros.

Se detuvo un rato y volvió a mirarme con fijeza.

—Nunca lo he confesado abiertamente —dijo, y su gesto incluía ahora un matiz de picardía—. Pero toda mi vida he sido un apasionado del fútbol. Uno de mis referentes, tal vez por su serenidad o por la templanza que manifestaba en momentos de presión, fue Vicente del Bosque. Fue seleccionador del equipo español que alcanzó la victoria en el mundial del 2010. Interrogado sobre su estrategia, él respondió que en su ideario incluía el *apartar las creencias limitadoras*, lo cual implicaba llevar a cada miembro del equipo a que hiciera lo que mejor sabía hacer y a que lo ejecutara buscando el límite de la perfección.

Asentí mientras meditaba. Ahora su mirada permanecía tan fija que me estremeció.

—Tened grandes sueños y alcanzaréis grandes cosas, pero procurad soñar usando el corazón de Dios como almohada. No viváis del pasado. Los buenos recuerdos arrullan. Los grandes proyectos despiertan. Hay demasiadas personas que tienen sueño, por eso viven dormidas; pero otras tienen un sueño, por eso viven despiertas. Buscad ser instruidos en las ciencias y sobre todo en la Biblia, pero no olvidéis que el conocimiento es un motor parado. Lo que lo mueve es la actitud.

Se puso en pie, dando la reunión por concluida. Incluso me acompañó a la salida, con sus pasitos cortos de marcha claudicante, pero con ese fuego de amor que impregnaba cada gesto y palabra lo que hacía que, cada vez más, ese hombre se me parecía a una antorcha humana.

Se detuvo antes de llegar a la puerta y yo lo hice a su lado; entonces me dijo:

Tres hombres estaban trabajando en la construcción de un edificio. Un observador, de estos que abundan en cada obra, se acercó y les preguntó: «¿Qué están haciendo?» El primero, con clamorosa desidia y sin siquiera mirarle, respondió: «Aquí estoy, poniendo ladrillos». El segundo, levantando la cabeza y dejando por un momento su actividad: «Estoy construyendo un muro». El tercero, feliz de su trabajo, con un brillo de determinación en su mirada y con voz de triunfo: «Estamos construyendo la iglesia de mi pueblo».

Su rostro esbozó una sonrisa y poniendo su mano sobre mi hombro me preguntó:

—¿Sabes lo que es la motivación?

No me dio tiempo a responder. Su mano acentuó un poco la presión sobre mi hombro mientras me explicaba:

—Motivación es aquello que moviliza a una persona para ejecutar una actividad. Es lo que nos mueve a emprender algo con ilusión y nos hace llevarlo adelante superando los obstáculos que surjan y aplicando el esfuerzo necesario.

Clavó sus ojos en los míos y esa mirada confirió una autoridad enorme a sus palabras:

—No estás apilando ladrillos, ni siquiera levantando un muro. Construyes la iglesia... la iglesia de Cristo. No hay nada más digno en lo que invertir la vida. Hazlo con gozo; vale la pena hasta sufrir; vale la pena hasta morir; has sido escogido, eres un privilegiado. Vive cerca de Dios y la vida, entonces sí, te sorprenderá continuamente con oportunidades jamás soñadas. Calló un instante antes de insistir:

—Con Dios un ser humano puede volar aunque no tenga alas. ¿Cómo no podrá entonces conseguir lo que se proponga?

Apoyándose en mí, reanudamos el camino hacia la puerta de salida. Ese tiempo de charla que mantuvimos en pie le había dejado casi sin energías.

Anochecía cuando abandoné la casa.

Temblaba a causa de la emoción; la sensibilidad de mi viejo pastor era contagiosa y lloré mientras adoraba a Dios.

Una lágrima, redonda y gruesa como goterón de lluvia, cayó sobre los pétalos de la nueva rosa roja que acababa de abrirse y allí quedó, resplandeciendo, como una perla cuando un rayo de luz de luna la besó.

DUODÉCIMO LUNES

«No seas un siervo de agenda abierta y Biblia cerrada.
No permitas nunca que tu Biblia sea asfixiada por tu agenda».

En mi siguiente visita, Raquel no se separó de nosotros ni un solo instante. Era como si anticipase que le quedaba poco tiempo y no quería desperdiciar ni un minuto.

Pero no era la compasión lo que la movía a protegerle, sino el auténtico amor que le profesaba. Creo que se sentía amparada junto al frágil cuerpo de su esposo.

—Pasa, por favor —me dijo mi viejo pastor cuando toqué en la puerta de su habitación y me asomé—. ¡Qué ganas tenía de volver a verte!

Su cordialidad era la de siempre, pero sus fuerzas no. Me saludó desde su cama, tendiendo hacia mí sus brazos, pero sin incorporarse. A causa de la palidez, su rostro casi se confundía con la almohada.

—¿Qué tal se encuentra hoy?

Quise parecer natural, pero el temblor de mi voz me delató.

—Bueno, si no entramos en detalles... —bromeó.

Sobre su pecho, como siempre, su Biblia abierta. Nunca se separaba de ella. Ni por un instante.

—¿Sabes? Pasé la noche meditando en una historia.

—¿Y por qué no dedica las noches a dormir? —le regañé, aplicando mi mejor sonrisa en la exhortación.

Él rió, agradeciendo mi reproche.

—¡Ojalá pudiera! —respondió, encogiéndose de hombros. Y añadió—: ¿Pero qué quieres que le haga si hasta el sueño huye ya de este viejo? Como te decía, pasé la noche recordando una historia.

—Y tanto —dijo Raquel, palmeando con cariño la arrugada mano de su esposo. Luego junto con envolverla entre las suyas, agregó—: Me despertó para contármela y esta mañana me ha preguntado diez veces que cuándo vendrías tú.

El anciano sonrió a su esposa con cariño y luego fijó en mí sus ojos.

—¿No te molestará que este viejo enfermo te aburra con otro de sus cuentos?

—¡Claro que no! —le dije mientras con mi mano presionaba levemente su brazo descarnado y débil—. Y no se llame usted enfermo. He visto a pocas personas con tanta vida.

—La iglesia en la que sirves es centenaria. ¿Lo sabías?

—Sí —repuse—. Sé que esa capilla tiene una larga historia.

—Bien.

—Se incorporó con mucha dificultad, y colocamos los almohadones detrás de su espalda para que pudiera estar más cómodo. Después de eso continuó con su relato:

—Cuando Raquel y yo nos graduamos del seminario fuimos a ese pueblo. Estábamos recién casados y esa sería la primera iglesia que pastorearía en toda mi vida.

Un leve acceso de tos le hizo detenerse. Se llevó la mano al pecho y su gesto denotaba dolor.

Preocupado, le pregunté:

—¿Está cansado? Si quiere podemos continuar otro día...

—No —dijo—, deja que te cuente...

Raquel le aproximó un vaso de agua y tras beber un sorbo se rehizo rápidamente:

—Al llegar al pueblo nos recibió un diácono quien, en su coche, nos mostró la pequeña aldea y también la iglesia. Luego nos llevó a la casa pastoral y en el camino se dio una interesante conversación: «Esta iglesia», dijo el diácono con evidente orgullo, «tiene una larga historia. Por aquí han pasado muy buenos pastores... pero también hemos tenido algunos pastores malos».[1]

Mi viejo pastor se giró hacia mí y me regaló una hermosa sonrisa al comentarme:

—Cuando el diácono hizo esa afirmación, sentí el codo de Raquel hincándose en mis costillas, como diciéndome: «Atento, que aquí viene una enseñanza».

—¿Qué esperan ustedes de un pastor?» le pregunté, temiendo que su respuesta incluyera una retahíla de títulos y méritos académicos.

—Que madrugue.

Su respuesta fue tan breve como terminante y, desde luego, inesperada. —Que no duerma hasta tarde —insistió el diácono.

—¿Y cómo van a saber ustedes si su pastor madruga o no?

Entonces el diácono señaló a la chimenea de una de las casas.

—¿Ve esa chimenea? —me preguntó. Luego, sin esperar mi respuesta, añadió—: Aunque todavía es muy temprano, allí hay humo, eso significa que, en la casa, ya están levantados. ¿Ve esa otra casa?, ya se levantaron para encender el hogar. Observe —me dijo señalando en otra dirección—. Aquella es la casa pastoral, no hay humo en la chimenea.

El diácono me explicó entonces su curiosa conclusión:

—Yo paso por aquí cada mañana, temprano, camino de mi trabajo y, cuando lo hago, quiero ver humo en la chimenea de mi pastor. Eso me indica que está levantado, orando por todos y preparando nuestro alimento espiritual. Eso es lo que esperamos de nuestro pastor: que madrugue para buscar a Dios.

El anciano había cerrado sus ojos, rememorando la historia del inicio de su ministerio.

Raquel limpio con un pañuelo y con delicadeza la comisura de los labios de su esposo. Este, sin abrir los ojos, continuó con su relato:

—Así que, cada día, me levantaba temprano y lo primero que hacía era encender la chimenea. Luego doblaba mis rodillas en oración, levantando a cada uno de ellos en mis plegarias y adorando a Dios. A menudo, aún sobre mis rodillas, leía su Palabra e indagaba en sus misterios. De ese modo me sentía fresco y renovado.

Rió al añadir:

—La segunda consecuencia era que los domingos veía a los diáconos, sentados en la primera fila, sonrientes y satisfechos. Todos sabían que su pastor madrugaba.

—Es una historia curiosa —le dije—, y encierra una gran verdad.

—Allí, sobre mis rodillas recibía el alimento para la iglesia.

Sonreía con deliciosa dulzura.

—Eso es importante, ¿verdad?

Ignoró mi pregunta, aunque en lo que me dijo a continuación quedó respondida:

—Hay otros énfasis más populares pero menos evangélicos. La cruz tiene enemigos. Hay púlpitos donde está ausente y altares donde se imponen otras modas. Hay mensajes que entretienen pero no transforman. Hay cultos que supuestamente están dirigidos a Dios, pero donde Él no aparece; no hay evangelio, ni cruz sino que se tornan en espectáculos que convierten el altar en escenario... asombran pero no transforman... entretienen pero no salvan...

Nunca le advertí a mi viejo pastor que algunas de las cosas que me contaba ya me las había dicho anteriormente; porque el hacerlo sería tanto como interrumpirle. Y, además, entre las cosas ya dichas había otras muchas nuevas que yo deseaba conocer.

—Así que, mientras usted madrugaba para encender la chimenea y buscar a Dios, Él le mostraba el mensaje que debía compartir ¿eh?

Mi viejo pastor adoptó un gesto serio... casi preocupado. Volvió a enfocarme con su intensa mirada para centrarse en la segunda parte de su historia:

—Sí. Todo eso ocurrió mientras le busqué. Pero el ministerio fue creciendo y también mi influencia, que ya no se limitaba a la pequeña capilla. Cada vez eran más las obligaciones que me absorbían y reclamaban mi tiempo. Antes de que pudiera darme cuenta seguía madrugando para encender la chimenea, pero a continuación no acudía a mis rodillas.

Negó con la cabeza y un paño de tristeza amortiguó su voz.

—No me arrodillaba, no, ni tampoco abría la Biblia. Lo que ahora abría era mi agenda, en la que se acumulaban compromisos y obligaciones. El primer cometido de la mañana dejó de ser la selección de pasajes sagrados en los que deleitarme para dedicar ese tiempo a la selección de asuntos urgentes a los que dedicar la jornada.

Inspiró profundamente antes de añadir:

—Cometí el error de muchos pastores: confundir lo urgente con lo importante. La agenda fue tomando el lugar de la Biblia. Llegué a convertirme en un ejecutivo de agenda abierta y Biblia cerrada. Mi influencia crecía, pero mi vida espiritual se encogía. Había humo en mi chimenea, pero no había fuego en mi corazón.

—Humo en la chimenea, sin fuego en el corazón —repetí la sentencia, dándome cuenta de la profundidad que encerraba.

—Así es.

Mientras una de sus manos seguía envuelta entre las de su esposa, posó la otra sobre mi brazo y yo la cubrí con la mía.

—Seguía dando consejos porque el cerebro funcionaba, pero esos consejos carecían de la frescura del cielo. Hablaba desde el púlpito como quien tiene que decir algo, y no como quien tiene algo que decir.

Se detuvo un instante para preguntarme:

—¿Entiendes la diferencia?

Había urgencia en sus palabras.

—¿Te das cuenta de que tener que decir algo no es lo mismo que tener algo que decir?

— Hay una enorme diferencia entre lo uno y lo otro —asentí.

—Los pájaros pían; las ranas croan; los perros ladran; los humanos hablan y los que están en comunión con Dios lo hacen expresando verdades eternas. Mi mensaje contenía sabiduría humana pero carecía de la frescura divina. No tenía influencia espiritual. Exhibía conocimiento teórico de Cristo, pero Él y su cruz estaban ausentes.

—Debió ser duro —dije, mientras no dejaba de sorprenderme la franqueza de mi pastor.

—Lo fue, y no solo para mí sino que también lo fue para la congregación a la que pastoreaba. Mis palabras ya no acercaban la brisa del cielo, sino que tenían tal sabor a tierra que raspaban el corazón.

Un acceso de tos interrumpió su discurso, pero nos hizo señas con la mano de que todo estaba bien, y enseguida retomó su mensaje.

—Un día no lo soporté más. Me sentía tan vacío que decidí apartarme al campo para buscar a Dios. Dejé en casa la agenda y todas las preocupaciones y obligaciones que ocupaban mi mente. Solo llevé mi Biblia y la profunda insatisfacción que sentía. Allí, recostado contra un árbol, hablé con Dios y le abrí mi corazón. Le rogué que volviera a prender en mí la llama de su presencia. No quería secarme y convertir a la iglesia en un desierto.

Mi viejo pastor cerró de nuevo sus ojos en este punto del relato. Tras unos segundos de silencio, reanudó su confesión.

—Dios fue fiel, siempre lo es, y me renovó. Resurgió el anhelo de buscarle, y sentí renacer un voraz apetito por su Palabra. A la mañana siguiente volví a encender la chimenea y sobre mis rodillas percibí que también mi corazón ardía. No solo había humo en la chimenea, también mi interior estaba en llamas. Nunca más mi Biblia fue tapada por la agenda. Nunca más la planificación tomó el lugar de la adoración.

Definitivamente estaba ante un hombre enamorado de Dios, de la cruz y de la Biblia. Y ese amor era extraordinariamente contagioso.

Tomé su Biblia y la hojeé. Aquellas páginas, gastadas y rizadas en los bordes, rezumaban experiencias íntimas y profundas.

—No ocultes nunca la Biblia —me miraba con ojos suplicantes mientras insistía—. Nunca asfixies tu Biblia con tu agenda... nunca lo hagas...

Puse mi mano sobre su brazo y apliqué una ligera presión, agradeciendo las confesiones que me había brindado.

Mientras observaba aquel rostro demacrado, sin color, y aquellos brazos en los que los huesos se insinuaban bajo la piel con una insolencia estremecedora, pero reparaba, a la vez, en la unción y sabiduría que desprendían sus palabras, recordé la vieja reflexión que un día alguien me hizo: *Algunos pájaros no pueden ser enjaulados; sus plumas son demasiado hermosas como para estar encerradas y su canto debe fluir en la libertad de los bosques.*

Así era mi viejo pastor. La enfermedad podía hacer de él su blanco, pero no su presa, porque aunque cien grilletes de dolor quisieran sujetarle, él seguía remontando el vuelo por cielos insondables.

Solo Raquel me acompañó hasta la puerta.

El cielo había tomado ya los tintes morados del anochecer. Los murciélagos, confundidos tal vez por la tibia temperatura que emulaba a las noches de verano, cruzaban el cielo vertiginosamente, en un orden que dejaba un misterio de signos en el aire.

Busqué el rosal, convencido de que también hoy habría ocurrido el milagro: Allí estaba, con sus rosas blancas que competían en belleza con las frescas flores rojas, intactas.

Una más.

Otra rosa carmesí comenzaba a abrirse.

Me quedé sorprendido al comprobar que la disposición de las flores rojas creaban la forma exacta de una cruz.

Caída ya la noche y bajo el ojo blanco de la luna, regresé a casa muy despacio, recordando las palabras de mi viejo pastor.

A medida que avanzaba en mi meditación percibía un creciente desasosiego; no me cabía la menor duda, en el último tiempo mi agenda había desplazado a mi Biblia, condenándola, de lunes a viernes, a un intolerable abandono. Me detuve un instante para hacer el firme propósito de volver a leerla y retornar a amarla.

Esa noche, mientras María descansaba, sentado en el balcón de casa, miré al horizonte. En mis manos sostenía la Biblia y mis dedos pasaron las páginas sagradas acariciándolas con ternura.

Tantas veces ese libro me había hablado... fueron tantas y tan bellas las verdades que me había revelado...

Cerré mis ojos y oré, luego los abrí y leí.

Las letras se volvieron brillantes gemas. Tenía entre mis manos un cofre que estuvo arrinconado pero que ahora había rescatado, y estaba decidido a recrearme en las mil joyas que contenía.

Mi Biblia, mi amada Biblia... un tesoro de valor incalculable.

UNA CITA INESPERADA

«Los grandes hombres y mujeres, casi nunca son cimas de montañas aisladas, sino cumbres en cordilleras gigantes».
(Thomas Wentworth)

Era viernes.

El estridente sonido del teléfono me hizo dar un respingo y soltar de golpe el bolígrafo con el que remataba el sermón para el próximo domingo.

Miré el reloj. Aún faltaban unos minutos para las siete de la mañana. Las pocas llamadas que había recibido a horas intempestivas nunca fueron buenas.

El sobresalto se convirtió en preocupación al observar que el número llamante correspondía al de mi viejo pastor.

Respondí de inmediato:

—Siento molestarte —la voz de Raquel sonaba a disculpa—. Pero mi esposo insiste en verte cuanto antes.

—Iré en seguida, pero, dígame, ¿está todo bien?, ¿le ocurre algo a su marido?

—Nada especial, salvo que sus fuerzas son cada vez menos y no ha dejado de insistirme en que necesita hablar contigo.

Veinte minutos después tenía frente a mí la familiar puerta azul tachonada de clavos negros. Ni tiempo tuve de agarrar el aldabón para llamar. La puerta se abrió como si Raquel hubiera estado oteando por la ventana, aguardando con impaciencia mi llegada.

—Está en su habitación —me dijo.

La sombra bajo sus ojos denunciaba que la noche había estado exenta de sueño.

—¡Hola, hijo!

El anciano ya no me llamaba de otra manera y siempre extendía sus brazos en la bienvenida.

—Perdona mi capricho de hacerte venir sin ser lunes y a estas horas, pero hay algo aquí —dio dos leves toques sobre sus costillas, a la altura del corazón—, que pugna por salir y temo que el lunes...

No le permití acabar la frase, sino que me incliné sobre su lecho y le abracé.

Olía, como siempre, a colonia fresca y a jabón. Raquel le aseaba tan concienzudamente que aquel cuerpo exhalaba aroma a limpio. También sus ojos, siempre húmedos a causa de la edad, eran ventanas abiertas a un interior inmaculado.

—Me alegra verle —le dije—. También a mí me cuesta trabajo aguardar hasta el lunes.

Quiso ir directo al grano:

—Sé que ya conoces los pormenores de la enfermedad que me afecta.

Con un talante extraordinariamente sereno mantuvo su mirada en mis ojos y continuó:

—El cáncer es uno de los pocos males que todavía no pueden curar esos modernos fármacos...

—No debe usted perder la esperanza —le interrumpí—; ni tampoco la fe...

—Conservo intactas ambas cosas —me aseguró—. Disculpa si suena arrogante, pero no he perdido ni lo uno ni lo otro. Sin embargo, no seré yo quien tuerza el brazo a Dios para que suelte el milagro. Él es sabio y yo no. Él conoce lo más conveniente para mí, y yo lo desconozco. Prefiero, por tanto, descansar en su sabiduría y asumir tranquilamente su sabio designio. Se incorporó dificultosamente para dar fuerza a su mensaje.

—Pero no te hice venir para hablar de enfermedades. En este punto huelga malgastar tiempo en detalles, como no sea para reconocer que fui un poco obcecado en mi negativa de recurrir al médico cuando comenzaron las molestias. No obstante, la ciencia está en desventaja frente al cáncer. La cirugía puede extirparlo, siempre que no se haya extendido excesivamente; pero, en mi caso, no solo lo descuidé demasiado, sino que la cosa ésta tuvo la desfachatez de atacarme el páncreas descartando, con ello, tanto la posibilidad de intervenirlo como de sobrevivir... Salvo la intervención de Dios, que ya te he dicho que ni la descarto ni la exijo, en poco tiempo... unos días, o tal vez unas semanas, habré muerto.

Un escalofrío surcó mi cuerpo, recorriéndolo desde la planta de los pies hasta la cabeza. La transparencia de mi viejo pastor me dejó mudo y su entereza perplejo.

—Hoy puedo hablar de ello con total serenidad, aunque no creas que fue siempre así. Cuando los doctores me informaron del incómodo inquilino que alojaba en mi interior, casi me derrumbo. Ahí quedé yo, con unas esperanzas de vida de entre dos y seis meses, hora a hora más melancólico, hasta que apareció Él.

—¿Él?

—Irrumpió Dios —aclaró—, y lo hizo de forma poderosa. Mi lecho de enfermedad dejó de ser un potro de tortura para convertirse en un altar de adoración; tornó el sombrío corredor que desembocaba en muerte en un delicioso camino que me acercaba a la vida... a la vida plena ...

Sonrió y se echó hacia atrás, dejando descansar el cuerpo.

—Pero no te llamé para martirizarte con mis penas –dijo, mirándome y sonriendo—. Como te dije, hay algo que pesa en mi corazón. Hace unos días te dije que era necesario que formaras discípulos, ¿recuerdas?

Asentí con la cabeza, y a continuación recité como un alumno aplicado:

—Los cinco tipos de personas: Personas de problemas, gente buena, compañeros de batalla, discípulos —enfaticé esta palabra por ser la que él acababa de mencionar—, y personas de recursos.

—Matrícula de honor.

Sonrió brevemente y luego adoptó un tono grave:

—Tengo urgencia por recalcar ese aspecto, el de los discípulos. Será fundamental para que sirvas a Dios con gozo y de forma duradera. ¿Te has dado cuenta de que Jesús dedicó mucho más tiempo a su grupo de doce que a las multitudes?

—Es cierto. Es algo que se aprecia en la lectura de los evangelios.

—Jesús dio prioridad a formar un equipo. Lo hizo rápidamente, al comienzo de su ministerio, y lo hizo a conciencia, dedicando mucha oración al proceso de selección y gran ahínco e inversión de tiempo al aspecto de la formación. ¿Por qué crees que le dio tanta importancia a este asunto?

Intenté responder. Lo intenté, pero no me dio tiempo. Había tal urgencia en su anhelo de hablar que afectó a su habitual cortesía y capacidad de escuchar.

—Él quería que su ministerio trascendiera a su muerte. Sabía que esos doce seguirían siendo sus pies, manos y boca cuando Él ya no estuviera.

Hizo un nuevo intento de incorporarse en la cama, pero no tenía fuerzas. Le ayudé y coloqué varias almohadas detrás de su espalda para que pudiera permanecer sentado. Entonces me señaló la pequeña mesa que había en un extremo de la habitación.

—¿Puedes acercarme ese cuaderno y la estilográfica, por favor?

—Sobre la primera hoja en blanco escribió tres emes mayúsculas, remarcándolas a conciencia. Me miró e interrogó.

—¿Oíste hablar alguna vez del proceso de las tres emes?

—Nunca —reconocí.

—Corresponde a un acróstico formado por tres palabras inglesas.

Volvió al cuaderno y completó los vocablos:

- Man

- Movement

- Monument

—Hombre, movimiento y monumento —traduje.

—Exacto.

Volvió a mirarme con intensidad mientras punteaba con su estilográfica cada una de las palabras.

—Escucha, hijo.

Su voz seguía denotando urgencia, la misma con la que me había convocado esa mañana.

—Dios toma a un hombre.

Subrayó la palabra MAN.

—Lo usa poderosamente, mostrando su gracia a través de él. Eso provoca que surja un movimiento.

Hizo un círculo en torno al segundo vocablo.

—Ese movimiento afecta a personas que se implican en la misión, cautivados por el proyecto y contagiados por la influencia de ese líder. Nadie es capaz de medir el poderoso efecto que puede ejercer un grupo de personas tocadas por la mano de Dios y dirigidas sabiamente por un siervo humilde y consagrado.

Había triunfo en su voz, pero ésta bajó de tono al marcar con la estilográfica la siguiente palabra: monumento.

—Con demasiada frecuencia —lo repitió con tristeza—. Muy a menudo, cuando el carismático y consagrado líder pasa, aquel movimiento que surgió a su sombra y afectó a tantos va perdiendo fuego hasta extinguirse. Lo único que queda es un monumento: «en memoria de». Un recuerdo, frío como la piedra, de algo que pasó, pero ya no pasa. De una presencia divina que estuvo, pero ya no está.

Mis ojos estaban fijos en la hoja de papel, leyendo las palabras una y otra vez, y asimilando el poderoso mensaje que contenían.

Entonces carraspeó tan largamente que yo pensé que agonizaba, pero solo se aclaraba la voz.

Casi me sobresalté cuando sentí su fría mano sobre mi antebrazo.

—Escucha.

Hablaba de prisa, como si presintiera que el tiempo se agotaba o como si temiera que no fuera a alcanzar a transmitirme esa urgente verdad.

—La única forma de evitar que el fuego se apague cuando se extingue una antorcha, es que ésta haya inflamado a muchas más. ¿Entiendes? Transferir la fe a otros, contagiar el fuego a muchos, infectar con el bendito virus de la visión y la pasión a cuantos nos rodean. Formar un equipo. De eso se trata, de formar un equipo inoculando en cada uno de ellos la pasión que a nosotros nos consume. Quien tenga ese acierto perpetuará el fuego y logrará que su iglesia siga afectando a las personas, alcanzando a las naciones, vaciando el infierno, aun cuando él ya no esté. No trabajes solo.

Me sorprendió la presión que su mano ejercía en mi antebrazo y el fervor con el que hablaba.

—Dime, hijo, ¿entiendes lo que estoy diciéndote?

—Perfectamente —respondí mientras con mi otra mano cubrí la suya y mi cabeza asentía con firmeza al mensaje recibido.

—Siervos que se reproducen en otros siervos. Pablo en Timoteo; Moisés en Josué; Elías en Eliseo.

Hizo una pausa pero enseguida retomó su discurso:

—Y a su vez Timoteo, Josué y Eliseo se siguen multiplicando. Debo advertirte que invertirás tiempo en personas que te fallarán. Pero esa posibilidad no debe desanimarte. Cuando localices a alguien que ame genuinamente a Dios y quiera servirle, adóptale como hijo espiritual y abre el cofre de tu sabiduría para que él la asimile. Es la única forma de que el mundo siga lleno de piedras vivas y no de monumentos muertos... Es el camino para que esta generación, y las que vengan, sigan contando con iglesias ardientes y no con cementerios religiosos.

Casi había enojo en su voz cuando siguió diciendo:

—¿De qué sirve que cientos de peregrinos contemplen las escaleras que Spurgeon pisó para colocarse tras su púlpito, si detrás de este no hay una voz que rete hoy al ser humano? ¿Qué utilidad tenemos en visitar el rincón donde Wesley se arrodillaba con tal frecuencia que llegó a desgastar la madera, si no se siguen erigiendo altares donde se doblen rodillas implorando la visitación de Dios? No queremos monumentos fríos sino antorchas que irradien luz y calor a un mundo que lo necesita desesperadamente, y eso solo se conseguirá transfiriendo una fe viva, una visión clara y una pasión que nos consuma...

—Usted lo ha hecho conmigo —le interrumpí—, y le estoy agradecido. Sin embargo, jamás me sentí digno de tomar este relevo. ¿No pensó nunca que al elegirme apostó al caballo perdedor?

Sobre la humedad de sus ojos se pintó una sonrisa.

—Nunca pensé tal cosa —me dijo, sin titubear—. Hay algo más importante que la aptitud (capacidad de hacer cosas) y es la actitud (motivación y espíritu con el que se hacen esas cosas). Lou Holtz lo dijo de la siguiente manera: *La aptitud es lo que eres capaz de hacer. La motivación determina lo que harás. La actitud determina lo bien que lo harás.*

Volvió a aclararse la garganta y bebió un sorbo de agua. Los medicamentos secaban su boca, pero ésta tenía aún sabias sentencias que pronunciar; por eso, continuó de inmediato:

—Rápidamente vi en ti mucho más que interés por «hacer cosas correctamente»; te vi interesado en «hacer las cosas correctas». ¿Entiendes la diferencia?

De nuevo asentí mientras hacía la firme decisión de escribir cuanto antes esas frases y meditarlas: «Es más importante la actitud que la aptitud». «No es lo mismo hacer cosas correctamente que hacer las cosas correctas».

Mi viejo pastor debió leer mis pensamientos, pues enriqueció la reflexión al añadir:

—Un siervo eficiente es el que sabe hacer cosas correctamente. Un siervo efectivo es el que sabe hacer las cosas correctas.

Sostuvo un silencio necesario para asimilar la sabiduría de la frase, y pasados unos segundos recalcó:

—Hay valores más importantes que la capacidad y los talentos, aunque estos, indudablemente, tienen su importancia.

Tomó la Biblia y buscó entre sus páginas. Aun en este gesto pude percibir que las fuerzas le estaban abandonando; sus dedos parecían perezosos, como si las finísimas hojas de papel se le antojaran rocas pesadas.

Por fin localizó el texto y giró hacia mí la Biblia, marcando con su delgado dedo la parte que quería que leyera:

> *Lo que has oído de mí ante muchos testigos, esto encarga a hombres fieles que sean idóneos para enseñar también a otros. (2 Timoteo 2.2)*

Le miré después de haberlo leído y él desentrañó la enseñanza oculta en aquellas palabras:

—¿Observas que Pablo le encomienda a su discípulo delegar la misión?

—Así es —admití—. Es lo que se aprecia en la lectura.

—Pero ese trabajo debería encargarse a personas que reúnan dos cualidades: fidelidad e idoneidad. ¿Aprecias el orden en el que se relacionan esas características?

—Sí. Primero fieles y después idóneos.

Mi acertada respuesta hizo que en sus labios se dibujara una débil sonrisa.

Su siguiente comentario lo hizo con palabras impregnadas de una convicción que no dejaba dudas en cuanto a sus convicciones más firmes.

—Estoy seguro de que es un orden premeditado y cuidadosamente calculado: primero fidelidad, después idoneidad. La fidelidad apunta a una cualidad del carácter, la idoneidad a un conjunto de capacidades. Esto segundo es importante, pero lo primero es vital... absolutamente fundamental. Hay personas capaces de cantar como ángeles o de hablar con asombrosa elocuencia, o disponer de tremendas dotes organizativas, o ser lideres influyentes pero si no complementan esa idoneidad con la necesaria fidelidad, ninguno de ellos será apto para servir en el reino de Dios, porque en ese reino se cotizan otros valores tales como la lealtad, la humildad, la fidelidad.

SABIDURÍA EN EL VIENTRE DE UNA MUÑECA

Me miró y asentí, dándole a entender que le seguía. Entonces me dijo:

—Disculpa que te moleste de nuevo, ¿serías tan amable de acercarme la muñeca de madera que hay en el tercer cajón?

—¿Se refiere a esta? —pregunté extrañado, mostrándole una matrioska rusa.

—Sí, a esa.

Tendió la mano agarrándola y la sostuvo frente a mí.

—¿Conoces este tipo de muñecas?

—Bueno, no mucho. Creo que se abren y en su interior contienen otras más pequeñas. Tengo entendido que dentro de una de ellas puede haber hasta cinco o seis que van siendo más y más diminutas.

—Estás en lo cierto. ¿Quieres ir abriéndolas y colocándolas en orden sobre la mesa?

Obedecí, aunque no captaba las intenciones de mi viejo pastor.

Una tras otra las fui abriendo y de su interior extraje otra, casi gemela excepto en el tamaño. Por fin llegué a la última, tan pequeña que ya no podía tener nada dentro, pero esa figurita de madera estaba envuelta en un papel.

—¿Podrías leer lo que hay escrito en ese pedazo de papel?

Leí:

Si damos a luz siervos más pequeños que nosotros, llegaremos a ser una iglesia de enanos.

Miré a mi viejo pastor; tenía sus ojos clavados en los míos. Volví a leer la frase.

La letra era tan pequeña como enorme la verdad que contenía.

—Cada muñeca está «embarazada» de otra más pequeña —dijo, y me explicó—. Lo que está matando a muchas iglesias es el síndrome de «pánico a que me hagan sombra». Los líderes que ostentan el poder aceptan que surjan otros líderes, sí, pero «que no brillen más que yo». Ese miedo les lleva a reservarse conocimientos y estrategias. A no volcarse en otros ni entrenarles con rigor. Temen verse desplazados. Pero las congregaciones pastoreadas por personas empeñadas en convertir la iglesia en una sala de maternidad que alumbre constantemente siervos capaces, dotados, entrenados, humildes... Esas iglesias serán imparables. Afectarán al mundo e influirán de manera poderosa en la sociedad.

Antes de proseguir, guardó un instante de silencio, como tomando aliento, o intentando crear el clima adecuado.

—Si Dios te concede envejecer en esa iglesia no te aferres al púlpito convirtiéndolo en tu parcela de poder. Disfruta viendo surgir nuevos siervos. Las iglesias que no admiten esa transición terminan muriendo cuando lo hace su pastor, y en muchos casos son cadáveres durante años, aun cuando no se haya certificado la defunción.

Observé las muñecas de madera, meditando en la flagrante verdad que mi viejo pastor me había transmitido. Pensé en la iglesia que pastoreaba, en los jóvenes prometedores y en los adultos apasionados por Jesús.

La voz del venerable anciano me sacó de mi ensoñación.

—Invierte el orden de las muñecas —me pidió.

Las coloqué entonces, no de mayor a menor, sino a la inversa.

El anciano señaló a la última, que ahora era la más grande.

—¿Quieres leer el texto grabado en la base?

Leí: «Si alumbramos siervos más capaces y dotados que nosotros, seremos una iglesia de gigantes cuya influencia será imparable».

—Crea equipo —insistió—. El moderno descubrimiento del rayo láser no es otra cosa que la concentración de luz en un punto muy concreto, y eso es algo poderoso. Tu ministerio tendrá auténtico poder si logras concentrar tus energías en tu misión.

Enfatizó el pronombre personal.

—Algunos siervos agotan sus cartuchos disparando a muchos blancos. Otros concentran todo su potencial en una dirección: «la suya». Invierten sus fuerzas en aquello para lo que fueron creados y capacitados. *El secreto de la concentración está en la eliminación.* Si eres capaz de centrarte en aquello que es tu cometido y eliminar otras obligaciones de tu agenda dejarás marcas indelebles.

Guardó un instante de silencio con la intención de dar fuerza a la siguiente frase:

—Pregúntate si lo que estás haciendo hoy te acerca al lugar en el que quieres estar mañana.

Palabras tan sinceras llegaron a incomodarme y sentí su disertación como una radiografía de mi actividad diaria.

Repliqué, y mi voz fue un quejido:

—Pero la iglesia tiene muchos frentes. Demasiados campos de actuación que requieren la presencia del pastor.

—Eso es falso.

No había enfado en su voz, sino determinación en sus palabras. Su sonrisa suavizó la contundente negativa.

—Es cierto que la iglesia tiene muchas áreas que precisan atención, pero decir que todas deban ser atendidas por el pastor es equivalente a suponer que un rebaño crece porque el pastor da a luz a los corderitos de la manada y se ocupa luego de amamantarlos, cuidarlos y apacentarlos. Son las ovejas quienes alumbran nuevos corderos. El pastor debe apacentar y cuidar del rebaño, pero hay responsabilidades, y muchas, que deben ser cubiertas por otras personas del rebaño. La efectividad de un pastor radica en su capacidad de concentrar sus energías en la labor que le corresponde.

Insistió con la clara intención de que convirtiera la frase en un lema: *El secreto de la concentración está en la eliminación.*

—De acuerdo.

Todavía había incomodidad en mi voz y desafío en mi pregunta:

—¿Y los demás asuntos? ¿Qué hago con ellos?

—Delégalos.

Su paciencia era tan admirable como irrebatible su seguridad.

—Y eso solo se logra creando equipo. Otras personas serán tus ojos, manos y pies en los diferentes lugares a los que tú no llegas. Debes estar preparado, no obstante a que algunos de tus discípulos te fallen. Incluso los más prometedores.

Su sonrisa atenuó la sombra del mensaje que me transmitía.

—Ni siquiera Jesús se vio libre de esa circunstancia. Los discípulos tienen un efecto variado sobre nuestra vida. A veces Dios nos permite ver el fruto de nuestra inversión al observar cómo se convierten en obreros eficaces, pero en otras ocasiones nos entristecen por su falta de compromiso, sus respuestas inmaduras o sus reacciones carnales. No desmayes cuando esto ocurra, por cada siervo que falle, Dios pondrá a tu lado otros dos que sean fieles y leales.

De nuevo se asentó el silencio entre los dos. Un silencio reflexivo, cargado de sensaciones. Tenía muchas preguntas pero no era tiempo de expresarlas. Era tiempo, eso sí, de meditar y asimilar la sabiduría que llenaba cada resquicio de la alcoba y seguía posándose en mi mente.

—Mira hijo —dijo entonces, mientras extendía su mano y extraía una fotografía del cajón de la mesita que había en la cabecera—. Observa esta imagen.

La foto mostraba algo parecido a una flor de extraño aspecto, tonos anaranjados y tamaño extraordinario.

—El nombre científico de esta flor es *raffessia arnoldii*.

Hizo una mueca, como diciendo *¡vaya nombrecito!*, pero me sorprendió la facilidad con la que pronunció aquel título impronunciable, como si se hubiera familiarizado con esa extraña flor a fuerza de meditar en ella. Ostenta el récord —prosiguió— de ser la flor más grande que existe. Puede alcanzar los tres metros de diámetro y los setenta y cinco kilos de peso; crece a una velocidad de diez centímetros diarios.

Me miró recreándose en mi gesto de sorpresa.

—Pero, curiosamente, le llaman «la flor cadáver». ¿Sabes la razón?

No contesté porque no tenía respuesta y porque de sobra sabía que él no la esperaba.

El motivo de que esta rareza de la naturaleza tenga un nombre tan lúgubre, es porque ostenta otro récord bastante menos honroso: el de ser la flor más pestilente que existe. Desprende un olor nauseabundo y putrefacto como el de un cadáver de varios días.

—Impresionante —repliqué.

Mi viejo pastor estaba dirigiendo su discurso hacia una conclusión inolvidable, por eso me miró con fijeza:

—Pon un cuidado extremo cuando hayas de seleccionar a tu círculo íntimo. Jesús pasó la noche orando a Dios antes de reclutar a los suyos. Usa las rodillas más que los ojos en la misión de formar equipo. La oración te aclarará la vista y te dará la profundidad suficiente para no ser fácilmente impresionable por talentos llamativos. No te dejes engañar por crecimientos prodigiosos y duda siempre de las fórmulas mágicas de los recién llegados. No prestes oído a los vendedores de humo que lleguen a ti con su pechera cubierta de medallas. Me gustan más las trayectorias estables que los despegues meteóricos. Ya he visto demasiados fuegos artificiales, demasiadas flores llamativas en la distancia y tóxicas en la proximidad, gigantes de lejos y cadáveres de cerca. Como te dije, el orgullo apesta y ese hedor mata el brillo del material más noble.

Permanecí en silencio; intuía que mi viejo pastor aún tenía algo que contarme.

En contraposición, hay tesoros valiosísimos de ínfimo tamaño. ¿Sabes que en tu oído medio hay un huesecillo que es el más pequeño del cuerpo? Tiene tan solo 2.5 milímetros de longitud y sin embargo su función es vital. Se llama estribo y, junto con el yunque y el martillo, capta las vibraciones del tímpano y amplifica la onda sonora... Nos permite oír.

Se detuvo un instante y su rostro adoptó un gesto de ensoñación. Su mirada fija en el cielo, como contemplando con deleite a aquella especie singular a la que iba a referirse:

—¡Tantas veces los he visto! ¡He disfrutado tanto al contemplarlos! Personas sencillas, ¡casi simples! Pasan inadvertidas, pero captan el susurro divino y lo hacen cercano a los hombres. No son flores gigantes que reclamen una vitrina. No; detestan los pedestales y prefieren los rincones, y en esto coinciden con Dios que rebusca entre lo simple a sus mejores instrumentos. ¡Qué magnífico intérprete es Dios cuando encuentra instrumentos sencillos! Las notas que surgen, entonces sí, acercan el aire puro del cielo... auténtico oxígeno espiritual.

Su hablar había perdido la urgencia, recuperando la serenidad de días pasados. Hablaba ahora con lentitud, como si el momento no exigiese la menor precipitación. Hasta su respiración tenía una cadencia más pausada y en su mirar se dibujaba una paz casi tangible.

—Era cuanto tenía que decirte, hijo. Vuelvo a pedirte disculpas por hacerte venir, pero ahora me siento mucho más tranquilo. Lo que te he expresado pesaba demasiado como para guardarlo hasta el lunes. Aun cuando olvides todo lo demás, recuerda esto, por favor.

Tomó mi mano derecha con las suyas, como temiendo que me marcharía sin escuchar la reflexión crucial:

—A la hora de elegir equipo, no te dejes deslumbrar por el talento de las personas. La esencia de la gente no se encuentra en su apellido, ni en su pericia o talento. Mira más adentro. El carácter es más importante que la habilidad. No encontrarás siervos perfectos, pero busca a aquellos que apuntan a la perfección. No te dejes impresionar por la elocuencia de sus palabras, o lo asombroso de sus credenciales. Mira el corazón. Un corazón limpio vale más que una vitrina atestada de trofeos. Mira su corazón —repitió—. ¿Aman a Dios? ¿Buscan vivir en santidad? ¿Son fieles a sus cónyuges? ¿Limpios en sus negocios? ¿Tienen sus palabras el peso de un contrato? ¿Dan frutos espirituales? El infierno estará lleno de oradores elocuentes y afinadísimos cantantes. No faltarán allí líderes influyentes... pero lo que no habrá en el infierno será ni un solo carácter cristiano.

Sonrió palmeando mi brazo con cariño.

—Eso sí, enfócales a la excelencia. Dios no merece siervos mediocres a quienes les dé lo mismo ocho que ochenta. Que estudien a conciencia y se formen seriamente. Que no desprecien seminarios, institutos ni ningún centro docente de consistencia contrastada. Enséñales a apuntar a la luna, porque quien apunta a la luna terminará dándole a alguna estrella. Dios no merece soldados irresponsables dispuestos, tan solo, a jugar a la iglesia. Lo que busca son personas comprometidas que se tomen esto en serio... tan en serio que pongan en ello la vida. Si ellos ponen la *actitud*, ya se ocupará Dios de la *aptitud*... ya se encargará Él de capacitarles.

Como acariciándola, paseó la mirada por la habitación para acabar fijando en mí sus ojos, cansados pero con el brillo de la pura determinación. Me pareció que con su mirada pedía disculpas.

—Perdóname por tanta cháchara. Raquel me lo dice a menudo: *«Cariño ¿qué sería de la música sin los silencios? La palabra es plata, pero el silencio es oro».* Pero, por lo visto, no le hago mucho caso.

Disculpa por haber tomado tanto de tu tiempo. Te lo aseguro, ahora me siento mucho más tranquilo.

—Ha valido la pena —le dije—. Lo que hoy he aprendido me acompañará toda la vida.

Nos miramos a los ojos. Fue un instante largo, interminable. Nos escrutábamos, creo que para ver si se había llevado a cabo la transferencia de sabiduría.

Mi viejo pastor amagó una leve sonrisa.

—Adiós, hijo mío.

Me incliné sobre su lecho para despedirme, y me extrañó la insistencia con la que prolongó el abrazo. Cuando me incorporé el anciano lloraba. Mantuvo mi mano derecha entre las suyas mientras me miraba tras la cortina de lágrimas. Movió sus labios pero no le salían las palabras, por fin emitió un brevísimo y leve «adiós».

Me sonó a desgarradora despedida.

No me dijo «hasta el lunes», ni «hasta pronto» sino «adiós».

Y sus lágrimas... no pude evitar ver en ellas una carta con sabor a despedida. Temí que su llanto me ahogara.

Salí de la habitación lo más rápidamente que pude pues el nudo que tenía en la garganta casi me asfixiaba, y no quería llorar delante de él.

Fue en la calle, delante del rosal, donde di rienda suelta a mis emociones y la imagen de la nueva rosa roja que iniciaba a abrirse acabó empañada por la cortina borrosa de mi llanto.

Al mirar desde la humedad de mis ojos, me dio la impresión de que el conjunto de flores que formaban una cruz perfecta, había comenzado a marchitarse.

ÚLTIMO LUNES

«Podrán cortar todas las flores,
pero no podrán detener la primavera».
(Pablo Neruda)

Es lunes.

He dormido mal y desperté muy temprano.

Hace ya largo rato que me levanté, abrí las vidrieras del mirador y vi cómo se disponía despacio a amanecer sobre la ciudad. Con lentitud se amplía el naranja en el horizonte. El extremo norte se acerca verdeando también con implacable delicadeza.

He visto amanecer cientos de veces, y sin embargo hoy... ¿por qué siento que es distinto?

Es lunes.

El día de encuentro con mi viejo pastor. Pero un creciente desasosiego oprime mi pecho y estrecha mi garganta. Tal vez la culpa la tiene el breve sueño que tuve —o que a mí me tuvo— y que me hizo despertar sobresaltado para no volver a dormirme esta noche.

En él me veía transitando una tierra árida y ardiente; un desierto. La superficie del suelo estaba agrietada y tan caliente que desprendía vaharadas de humo. Caminaba fatigado, al borde de la extenuación; sin embargo, avanzaba con determinación, como si conociera mi rumbo exacto y también mi destino.

Al coronar una elevada duna lo vi rápidamente...

—¿Qué viste?

La voz, a mis espaldas, me ha sobresaltado. Al girarme encuentro los ojos de María, dibujados sobre su irresistible sonrisa. Mi relato, narrado inconscientemente en voz alta, la ha despertado.

—Me asusté al oír que hablabas solo —me dice riendo— ¿Qué fue lo que viste?

—La cruz. Estaba allí, en el corazón del desierto. Se alzaba imponente y poderosa. Pero lo que más llamó mi atención fue que toda ella estaba cubierta de hojas verdes y de rosas, como si en la madera reseca hubiera estallado la primavera. Las rosas que la cubrían, todas rojas, eran de una carnosidad inusitada y sus pétalos relucían como el cristal.

—Ha sido un sueño precioso —me dice María, envolviendo con su brazo mi cintura—. No entiendo por qué estás tan angustiado.

—¡Es que no le vi!

—¿A quién no viste?

—Busqué a mi viejo pastor. Le busqué por todos lados, haciendo visera con mi mano sobre los ojos y forzando la vista en todas direcciones, pero él no estaba.

—¿Tenía que estar?

—Sí, tenía que estar porque en mi sueño anterior estaba, ¿recuerdas? Arrodillado al pie de la cruz señalándome a mí con una mano y apuntando a la cruz con la otra. Pero ahora no estaba.

Un estremecido silencio se ha creado entre los dos; un mutismo cargado de presagios.

La lámpara del recuerdo enciende en mi mente el lema de nuestro viejo pastor y lo recito: *Nací a la sombra de la cruz, quiero vivir anclado a ella y que sea la escala que me alce a su presencia cuando llegue mi tiempo*

—Podría ser...

María no termina la frase y en su mirada leo la palabra TEMOR, escrita con mayúsculas.

—Tal vez...

No se atreve a continuar.

—Tal vez —reproduzco la sentencia que ella teme desvelar— no está a la sombra de la cruz porque ésta ya se ha convertido en su escala...

La inquietud se apodera entonces de ella y me pide:

—A ver, cuéntamelo otra vez. Cuéntame todo lo que has visto.

La ansiedad con que me pregunta no favorece mi tranquilidad; al contrario, su nerviosismo acrecienta el mío. Relato de nuevo cuanto he soñado.

—¡Espera! —le digo—. ¡Recuerdo algo más! Al final de mi sueño mantuve mis ojos en la parte más alta de la cruz y desde allí observé nubes, muchas nubes, infinitas nubes blancas que parecían indicar el único camino a seguir: más arriba, más arriba... ¡Hasta el fin del cielo!

Cuando termino, miro el reloj; son las cinco y media de la madrugada. Pese a lo intempestivo de la hora no puedo esperar y comienzo a vestirme.

Ella lo hace más rápido que yo y tira de mí cuando aún estoy abotonándome la camisa.

—¡Vamos!

Camina hacia la puerta sin soltarme. La presión de su mano en la mía me hace daño. Nerviosa vuelve a insistir:

—¡Vamos! ¡Tenemos que verles!

SILENCIO ATRONADOR

Nos detenemos a escasos metros de la puerta azul.

Todo es silencio... aun más que de costumbre...

Incluso los pajarillos han enmudecido.

Hasta el viento se ha detenido confiriendo al ambiente un toque casi lúgubre.

—Qué quietud más estremecedora —dice María, sin atreverse a levantar la voz más allá del susurro.

Yo permanezco callado, pero quise haberle dicho que más que quietud aquello era muerte.

Un vértigo me sube desde el estómago, creciendo y mordiendo. Siento encogido el corazón y una fuerte presión en la garganta me impide respirar bien; es un presagio de orfandad. Tengo que apoyarme en un árbol, a punto de desvanecerme.

Tras unos instantes en que recupero el resuello y ayudado por María, recorremos lentamente el último tramo y a dos pasos de la casa nos detenemos, justo cuando la puerta se abre y aparece Raquel.

Sus ojos nos enfocan con una serenidad infinita, pese a que sobre sus retinas hay impresos mil mensajes con sabor a despedida.

No es necesario que lo diga; sus ojos ya lo han gritado: Él ya no está.

Raquel no llora...

Ni siquiera cuando María corre hacia ella y la abraza; ni cuando me acerco y beso su mejilla articulando un torpe «lo siento».

Ni siquiera cuando los tres permanecemos largo rato abrazados, sin saber qué decir.

No. No sabemos qué decir, ni ella precisa que digamos nada.

Tras unos minutos que se me antojan varias vidas, Raquel deshace el abrazo y vuelve a mirarnos con sus ojos que son hoy graves, yo diría que tristes y desolados. Me recuerdan a dos pedazos de mar en los que el agua se agita.

—Está con Él.

Sus palabras se mecen como plumas antes de posarse en nuestra alma.

—Se ha deslizado de la vida dulcemente, sin perder la calma, ni la quietud, ni la sonrisa. Está con Él —lo repite asintiendo levemente con la cabeza—. Era su íntimo anhelo. Anoche, antes de dormirse, se giró hacia mí y besándome me dijo: «Nos veremos». Me sonó extraño, pero me dormí razonando: «Claro, nos veremos en la mañana».

Calla un instante para rehacerse.

—Pero no era eso lo que quería decirme... No era eso, no; ya sentía cómo Dios le llamaba y me estaba citando en aquella mañana donde nunca más las despedidas desgarrarán el alma.

Y mientras ella habla, yo recuerdo la palabra que selló nuestro último encuentro. «Adiós», me dijo mientras lloraba, y cada una de sus lágrimas llevaba escrito el mismo mensaje.

Raquel sigue detallando los sucesos de ese amanecer:

—Al despertar y no verle, me asusté. Le busqué en la cocina. Nada más levantarse, tomaba su café. «Me recarga las pilas», decía. Pero no había en la casa aroma a café sino a vacío. ¿Sabéis que las ausencias dejan un olor peculiar? Es un olor indescriptible que a veces intoxica... Seguí, no obstante, buscando. Lo hice en el porche, donde a menudo disfrutaba viendo amanecer, y yo sentí que anochecía al no encontrarle en su silla, ni ver tampoco a los pajarillos que acudían a comer el pan desmenuzado que él les arrojaba.

Guardó un brevísimo silencio y amagó una sonrisa.

—Le encontré por fin... ¡cómo no se me había ocurrido antes! Estaba en su despacho, arrodillado sobre su viejo almohadón. Su máximo deleite; su necesidad ineludible, eso no recargaba sus pilas... eso le daba la vida.

Raquel continúa su relato, ensimismada, como reviviendo el momento a medida que nos lo va compartiendo:

—Aun desde la puerta supe que sobre aquel almohadón solo descansaba la áspera carcasa del cuerpo. Él surcaba un cielo más alto... respiraba un aire mucho más limpio.

Siento un temblor muy extraño, no recuerdo que alguna vez antes me haya embargado una emoción tan intensa.

María no habla; mira al suelo, donde la humedad de sus lágrimas ha formado un charco diminuto.

Me vuelvo hacia la casa... hacia la puerta abierta y deseo con todas mis fuerzas ver aparecer a mi viejo pastor con sus brazos extendidos, como siempre, brindándome su amorosa bienvenida.

Girando mi rostro hacia Raquel, pido permiso con la mirada, y ella consiente. Solo entonces entro y busco el despacho... aquella pequeña habitación que durante muchos lunes ha sido rincón de confidencias y sala de curas para mi alma.

Su sillón.

Allí está... Ocupo mi asiento de cada día, frente a él, y lo miro. ¡Cuánta sabiduría brotó desde aquella tapicería desgastada!

Aquel sillón... ¡Cuánta autoridad lo ocupó! ¡Qué enorme vaciedad lo ocupa ahora!

En sus huellas

Presa de un insoportable ataque de soledad inclino mi rostro y al hacerlo, mis ojos se posan sobre el almohadón que descansa en el suelo.

Aún conserva las marcas de mi viejo pastor...

Me aproximo y apoyo mis rodillas sobre las hendiduras que dejaron las suyas. Juraría que la tela está caliente, como si una antorcha viva lo hubiera encendido y me contagiara ahora de esa llama.

A veces me postro deshecho, pero siempre me levanto rehecho, habían sido sus palabras.

Y mientras adoro, descubro la esencia de ese mensaje.

Pueden haber pasado unos minutos o varias horas cuando siento que a mi lado se arrodilla María.

Compartimos el almohadón, y tengo la hermosa sensación de que junto con nuestras rodillas se unen también nuestras almas.

Me mira mientras susurra:

—Alguien debe ocupar ese lugar... Alguien debe continuar su labor.

Tomo su mano mientras cerramos los ojos en oración.

—Heme aquí, Señor...

Las palabras brotan de mis labios a la vez que las lágrimas lo hacen de mis ojos.

—Heme aquí, heme aquí...

—Henos aquí...

La voz de María hace coro con la mía.

—Henos aquí, Señor...

Cuando Raquel se aproxima y posa suavemente sus manos sobre nuestras cabezas, sentimos que se está inaugurando un nuevo tiempo. Estamos siendo comisionados...

En mis ojos encharcados danzan nuestras manos unidas y bajo ellas resplandece, como fuego, la cruz bordada que decora el almohadón.

Sé que, por fin, he encontrado mi lugar... nuestro lugar. Amparados bajo la cruz... arrodillados sobre ella...

La tarde está avanzada cuando salimos de la casa. Me parece que aún es la mañana y, sin embargo, el sol, poco a poco, se va dando por vencido y la noche va imponiendo su reino de sombras. Aunque no dentro de mí, porque allí se inaugura un nuevo día.

Es entonces cuando lo veo: El suelo, junto a la puerta, aparece alfombrado por pétalos rojos.

Las rosas se han derramado.

Algunas hojas cuelgan descarnadas y se mecen con la brisa, pero la mayoría se ha esparcido por el suelo. Aquellas flores que nacieron al ritmo de sus consejos se han despedido con él. Ya solo son manchas pardas coronando un tallo.

Recuerdo el sueño de esa noche: Las rosas rojas cubrían la cruz. Mi viejo pastor ya no estaba allí, pero las flores que nacieron al cálido aliento de sus consejos la cubrían por completo.

Me agacho junto al macetón y recojo, uno por uno, aquellos pétalos que se me antojan cartas repletas de sabiduría.

Después de ordenarlos cuidadosamente los guardo en mi bolsillo.

Besamos a Raquel, quien no admite que nos quedemos con ella esa noche.

—Os lo agradezco —nos dice—. Varios quisieron venir a acompañarme, pero a todos les dije que quiero pasar a solas con él estos últimos momentos.

—Está bien, Raquel —le dice María en el abrazo de despedida—. Nos veremos mañana.

—¡Esperad! —dice, cuando apenas hemos recorrido quince metros.

Entra en la casa y enseguida regresa.

—Toma—me dice, entregándome un pequeño cofre de madera, decorado con dibujos hechos con algo parecido al nácar, entre los que destaca una gran cruz—. El contenido le ocupó sus últimos días y algunas de sus noches. Trabajó con ahínco, sintiendo que el tiempo se le agotaba. Estoy segura de que es importante. Me pidió que te lo diera cuando él... cuando ya no estuviera. Al verle esta mañana, arrodillado, sostenía aún su estilográfica y el extremo chorreaba tinta sobre la última palabra escrita. Es para vosotros. Me dijo que te lo diera...

Cojo el regalo como si fuera el mayor tesoro del mundo.

—Nos vemos mañana —prometemos mientras volvemos a abrazarla.

Poco después, la noche, María y yo llegamos a la vez a casa.

Entonces reparo en que hemos pasado junto a Raquel su primer día de viudez y no hemos comido nada. Tampoco hemos sentido hambre.

TOMA EL TESTIGO

Muy temprano llegamos al lugar donde le velan.

—Venid.

Raquel toma mi mano y la de María y tira de nosotros delicadamente.

Nos lleva junto al cuerpo del viejo pastor.

Me asomo para contemplarlo. Parece imposible que ese rostro lleno de paz sea el de un hombre muerto.

Su rictus es sereno. El cabello blanco hacia atrás e irradiando una paz profunda. Los ojos como si durmiera y la boca, mínimamente abierta, dejando entrever los dientes en una serena sonrisa.

Mirándole fijamente me parece que respira. Siento que en cualquier momento abrirá sus labios y me dirá: «Déjame que te cuente».

Sobre su pecho que, juraría que se mueve acompasadamente, reposa su Biblia con la dorada cruz grabada resplandeciendo. Esa imagen me resulta familiar; es la que vi los últimos lunes, salvo que ahora el libro está cerrado. Desde la cabecera, una gran cruz metálica proyecta sombra sobre él, como queriendo abrigarle. Una cruz vacía, como él siempre dijo: *Habitó la cruz por amor a nosotros, pero la cruz no le retuvo. Se hizo hombre para poder morir. Pero sigue siendo Dios para poder salvar.*

Mientras le observo me parece que en cualquier momento abrirá su boca y declarará su íntimo deseo: *Nací a la sombra de la cruz, quiero vivir anclado a ella y que sea la escala que me alce a su presencia cuando llegue mi tiempo.*

—Lo ha conseguido, viejo pastor —le susurro—. Ha cumplido su sueño. Y añado muy cerca de su oído—: No fue nada estúpido lo que le dijo a José... su hijo. Ya lo ha comprobado, ¿verdad? No fue nada absurdo lo de «luego nos vemos».

—Tómala —me dice Raquel, señalando la Biblia que reposa sobre el pecho de su marido.

—Pe... pero —titubeo sin atreverme a extender mi mano.

—Es para ti —insiste—. Él me dijo: «Cuando llegue mi hora quiero que él tome este libro, y que siga amándolo, y proclamándolo...». Así me lo dijo.

Me emociono y me asusto. Ambos sentimientos se turnan en el dominio del uno sobre el otro.

Extiendo, por fin, la mano, que tiembla ostensiblemente, y la poso primero sobre el pecho de mi viejo pastor. Aseguro que he sentido calor, como si bajo aquella chaqueta oscura siguiera encendida la llama de una pasión, o como si aquel libro sagrado continuara enviando fuego a sus entrañas.

Mis dedos se aprietan en torno a la Biblia. Pero aun así mi mano tiembla tanto que María ha de extender la suya, sosteniendo conmigo el libro. Sus dedos se ven blancos al presionar muy cerca de los míos... y entre nuestras manos resplandece la cruz impresa.

—Henos aquí, Señor —dice.

Y al mirarla veo que de sus ojos cerrados brota una gruesa lágrima que resbala luego por su mejilla.

Nos hemos empeñado en acompañar a Raquel hasta su casa, por más que insistió en que podía ir sola.

Ha sido un rato delicioso el que hemos pasado conversando; incluso, llega a reír recordando algunas de las historias del viejo pastor. Y al escuchar su risa cristalina he pensado que es maravilloso constatar cómo la orfandad absoluta no existe cuando Dios está con nosotros.

Las palabras de Khalil Gibran resuenan en mi mente: *Por muy larga que sea la tormenta, el sol siempre vuelve a brillar entre las nubes.*

—Nos veremos muy a menudo —promete María.

—No tenéis que hacer eso por mí —replica Raquel.

—No lo hacemos por usted —aclaro—. Lo hacemos por nosotros.

Al despedirnos, la tarde está declinando, pero el sol falleciente arroja aún afilados haces de luz sobre aquel paraje quieto y silencioso, dándome la impresión de que nos está alumbrando un nuevo camino.

En cuanto llegamos a casa nos golpean todas las emociones del intensísimo día, la sangre huye de nuestra cabeza y caemos redondos sobre la cama.

«Cinco minutos de sueño antes de abrir el cofre y mirar su contenido», me digo, «solo cinco minutos».

Pero mis ojos se cierran y duermo durante horas.

Abro los ojos mucho después, en medio de la mañana de un día gris y lluvioso. En medio de un día de mediados de noviembre.

Descansando a mí lado se encuentra María. Y también la realidad de que él ya no está, que salta sobre mí apenas recupero del todo la consciencia.

El primer domingo

Es domingo por la mañana y me he despertado temprano.

Nunca había soñado, pero ahora no hago otra cosa, y en mi sueño me he visto en el desierto de siempre.

Las mismas dunas, el mismo sol justiciero que hace arder la tierra levantando de ella vaharadas de humo.

Y la misma cruz...

Pero hay algo más; distinto.

Soy yo, en esta ocasión, quien desde allí, con movimientos frenéticos y gritos angustiados, llama a los seres que surcan aquel infierno ardiente sin reparar en la cruz. Algunos, demasiados, se arrastran al límite de sus fuerzas sin ser capaces de ver la sombra y la vida que están convocadas al pie del madero.

Me he despertado sobresaltado, agitando mis brazos y con la frente cubierta de sudor. Las sábanas parecen arder, como si hubiera traído hasta mi lecho el fuego de aquel desierto.

Afortunadamente María sigue durmiendo. No quiero preocuparla con mis frecuentes desvelos, aunque no puedo apartar de mi cabeza la idea de que juntos hemos cruzado la línea que nos separaba de un tiempo nuevo y de una dimensión diferente en nuestro servicio a Dios.

Sé que tendremos que hablar de ello.

Mientras retiro el sudor con el dorso de mi mano percibo un creciente desasosiego. Es como si enfrentara una ruta desconocida y me faltase un mapa. Me incorporo muy despacio, evitando despertar a María, e introduzco mis pies en las zapatillas para ir a la cocina. El primer café suele obrar de manera prodigiosa, en especial cuando despierto aturdido por algún sueño... como esta mañana. A punto de dirigirme hacia la puerta, mis ojos reparan en el cofre de madera que descansa en la mesilla. Lo dejé allí el día que Raquel me lo entregó, pero la celeridad con la que se han desarrollado los acontecimientos me hicieron olvidarlo.

Es temprano y aún queda mucho para abrir la pequeña capilla, así que tomo el cofre, preparo una cafetera y me dispongo a desvelar su secreto mientras apuro a pequeños sorbos la humeante bebida que terminará de despertarme.

Intento quitar la aldabilla que cierra el cofre pero pongo tal nerviosismo en la acción que hago saltar la lengüeta y el herraje.

En el interior se amontonan varios pergaminos minuciosamente enrollados con una cinta roja que ciñe una rosa seca, del mismo color, a cada uno de ellos.

Observando con más detenimiento compruebo que son dieciséis los pergaminos, y que están numerados.

Con mano temblorosa quito la cinta del primero; despego con extremo cuidado la rosa que lleva adherida y lo desenrollo.

En el encabezamiento hay pintada una cruz y al pie de ella se inicia la escritura.

Enseguida distingo, en los trazos débiles y oscilantes, la caligrafía de mi viejo pastor. La tinta usada revela que ha sido escrito con su estilográfica de siempre

«Parece un legado póstumo», susurro, sobrecogido, tras leer las primeras palabras. Y lo es.

Es un legado póstumo que se convertirá, ya para siempre, en el mapa que me faltaba para esta nueva ruta.

En ese momento, sin embargo, yo aún no lo sabía, ni podía, siquiera, sospecharlo.

CONVOCADOS AL PIE DE LA CRUZ

Hemos llegado temprano a la iglesia.

El breve paseo no nos lleva más de diez minutos que hoy hicimos en silencio.

María medita, y yo también; lo hago en los consejos y sabiduría de cuanto he leído esa mañana.

En una mano llevo la gastada Biblia de letra gigante y en la otra el cofre de madera que contiene los pergaminos; ambos, regalos de mi viejo pastor.

Nada más entrar a la capilla, inundada por la oscuridad fría de noviembre, María ocupa su lugar cerca de la puerta. Desde allí vela por los que llegan después de saludarles... intercede por aquel a quien notó triste, alaba por los felices y ruega por los ausentes... desde allí ora también por mí.

La breve introducción musical resulta hoy inspiradora y en la atmósfera se respira una sagrada quietud mientras ocupo mi lugar detrás del púlpito.

Abro mi Biblia y la observo unos segundos; después miro, uno por uno, a cuantos están sentados, aguardando el sermón.

Les miró y siento que les amo.

Me miran y percibo que me aman.

Muy atrás, junto a la puerta, está él: nos destrozó con dardos emponzoñados a través del teléfono; sin embargo, hoy fijo en él los ojos y le sonrío...

Agacha la cabeza y yo no siento ningún rencor; al contrario, percibo que me inunda el oxígeno de un cariño muy sincero.

Muy cerca está María.

Corresponde a mi mirada con una sonrisa y luego inclina su rostro. Sé que lo hace para orar por mí... sé que me ama... sé que la amo... tanto como la necesito.

A punto de iniciar mi mensaje, la puerta de la capilla se abre y entra Raquel.

El cabello blanco, cuidadosamente recogido, es un fiel reflejo de la pureza de su alma. Sus ojos todavía parecen dos pedazos de mar donde el agua se agita, pero su sonrisa es como el sol que asoma, triunfante, sobre un océano de nubes.

Se sienta junto a mi esposa y toma su mano.

Luego me mira.

La luz que irradia su rostro me alcanza y comienzo a hablar.

Intento transmitir el sermón que traía preparado... el mismo que remataba aquel viernes cuando fui convocado con urgencia a la casa de mi viejo pastor.

Intento predicarlo, pero no puedo.

Solo unas palabras brotan de mis labios:

Mi vida surgió a la sombra de la cruz... siempre he vivido amparado en esa sombra, y quiero que la cruz sea la escala que me alce a su presencia cuando llegue mi tiempo...

Me aproximo luego a la sencilla cruz que preside el altar y, frente a ella, me arrodillo. Permanezco así, tal vez por espacio de un minuto, cuando noto que alguien se arrodilla junto a mí y toma mi mano. Al sentir el anillo presionando mi palma, reconozco la misma sensación de cuando caminamos juntos con nuestros dedos entrelazados... es María.

Levanto la cabeza y distingo la de Raquel inclinada; también ella está postrada muy cerca de la cruz.

Y son más y más los que espontáneamente se acercan hasta llenar el suelo del altar.

También él... el del teléfono, ha inclinado su cabeza y oigo que llora... se aproxima un poco más y toma mi mano libre, la izquierda. Cuando le miro sus labios temblorosos articulan una palabra. Solo una y muy breve... tan breve como poderosa: «Perdón».

Me incorporo y él también lo hace; entonces nos fundimos en un abrazo de reconciliación. Me da la impresión de que las lágrimas que surcan ahora su rostro son el hielo que cubría su corazón. El calor del perdón lo ha derretido.

Miro, entonces, y descubro que los bancos de la iglesia están vacíos... tan vacíos como lleno está el altar.

Todos están allí, postrados a la sombra de la cruz.

Comprendo entonces, que no solo para María y para mí ha comenzado un tiempo nuevo. La iglesia también ha inaugurado una nueva etapa.

Un tiempo nuevo

Terminado el emotivo servicio acompañamos a Raquel a su casa. No es mucho lo que hablamos en el camino, pero aún los silencios a su lado se nos antojan impregnados de paz.

Junto a la puerta azul tachonada de clavos negros nos despedimos.

Su sonrisa proyecta la serenidad de su alma.

Nos abraza mientras nos dice:

—Gracias por continuar la labor. El mundo necesita personas que decidan amar al punto de entregar sus vidas en este empeño.

Mantenemos el abrazo unos segundos durante los cuales mis ojos se fijan en el rosal donde cada noche de lunes me detuve.

Algo atrae mi atención... algo extraordinario y poderoso que me hace romper el abrazo y caminar hacia el enorme macetón.

Me froto los ojos y vuelvo a mirar.

—¿Cómo es posible...?

Señalo hacia los rosales insistentemente... las palabras no me salen.

Quince rosas rojas están naciendo entre las flores blancas que brillan al sol del atardecer... Quince rosas nuevas y llenas de vida...

—¿Cómo es posible? —vuelvo a susurrar.

Corro hacia el cofre de madera que había dejado momentos antes sobre el poyo circular cargado de macetas.

Los pergaminos permanecen en su sitio, cuidadosamente enrollados y sujetos por cinta roja. Pero las rosas secas que estaban ceñidas a cada uno de ellos, han desaparecido.

Desaparecieron las marchitas y nuevas flores han nacido.

—¿Cómo es posible que vuelvan a vivir? —repito con insistencia—. ¿Cómo puede ser...? ¿He extraviado las flores secas y éstas han nacido casualmente...?

Raquel no parece sorprendida.

—No creo en la casualidad.

Nos mira con serenidad y explica:

—El azar no existe; Dios no juega a los dados. Aquello que se nos antoja casual o extraordinario suele ser un mensaje que Dios nos grita con megáfono —señala al rosal y sigue explicando con voz tan sosegada como sosegante—: Esas flores nacieron al calor de consejos eternos... de principios inmutables que seguirán manteniendo viva la llama del servicio a Dios... Son valores que nunca morirán. Por eso las flores siguen vivas.

Regresamos a casa muy despacio.

Todo es quietud.

Un perro, a lo lejos, libera su ladrido, recordando que más allá también hay vida, pero ni tan quieta ni tan bella como ésta.

Mi mano izquierda aprieta la Biblia que me entregó Raquel. «Es para ti», me había dicho, «él me lo pidió. *Cuando llegue mi hora quiero que él tome este libro, y que siga amándolo y proclamándolo...*»

A la vez que un inmenso privilegio noto un peso de responsabilidad del que nacen mil preguntas: ¿Seré capaz de continuar dignamente la labor? ¿Estaré preparado para hacerlo? ¿Tendré fuerzas suficientes?

Entonces siento en mi mano derecha la presión de los dedos de María. La miro y me sonríe.

No. No estoy solo en la misión; somos un equipo.

Nos detenemos un instante para mirar de nuevo a la casa.

La chimenea, que se levanta varios metros, arroja una sombra que, junto a la que proyecta el perfil del tejado, forma la imagen misma de una cruz, y descubro que estamos parados precisamente sobre ella.

Nuestros pies están firmemente plantados sobre la misma cruz que dotó de poder y gloria al ministerio de nuestro viejo pastor...

No. No estamos solos en la misión. No todo depende de nosotros... casi nada depende de nosotros... somos un equipo capitaneado por Aquel que no conoce la derrota.

Volvemos a caminar.

Avanzamos lentamente, paso a paso sobre el largo mástil de aquella cruz perfecta que se ha convertido, ya para siempre, en nuestro camino.

LA HOJA DE RUTA

—¿Y bien? —me dice María cuando llegamos a casa—, ¿podré mirar, por fin, dentro de ese misterioso cofre?

—Yo lo hice esta mañana y ha cambiado mi vida —le contesté.

—Pues, ¿a qué esperamos? Es hora de que cambie también la mía.

Nos sentamos en el sillón y mientras ella sostiene el pequeño cofre yo extraigo el pergamino marcado con el número uno.

Pergamino número uno

Cuando leas esto yo ya no estaré. Quiero decir, no estaré a tu lado, aunque lo cierto es que estaré en el más pleno sentido de la palabra: Habré terminado mi carrera y disfrutaré del ansiado galardón de contemplar a mi Señor cara a cara. Gracias por tu fiel compañía en el último tramo del camino. Gracias, también, por aceptar el reto de continuar la labor y entrar a labrar el terreno al que otros hemos dedicado toda nuestra vida.

He decidido resumir, a modo de memorando, los principios que lunes a lunes hemos compartido. Te será útil recordarlos.

Si a alguien ayudé, si para algo sirvió lo que hice, lo debo a la gracia de Dios y a la determinación con que he mantenido estos principios. Henry Van Dike dijo, acertadamente: «El día de tu muerte sucederá que lo que posees en este mundo pasará a manos de otra persona, pero lo que tú eres será tuyo por siempre». Me llevo lo mejor: Mi salvación, la conciencia de haber vivido para cumplir un altísimo propósito y el gozo de haberlo hecho junto a la persona a la que amé con todo mi corazón: Raquel. De lo poco que dejo, quiero que conserves mi legado más valioso: este ramo de flores en forma de principios que darán vida y autoridad a tu ministerio. He dado en llamarlo: Quince rosas rojas, como gotas que descienden de la cruz. Rojas, como la sangre que tiñó la cruz y sobre la que se sustenta cuanto somos y hacemos... Rosas, como las que te sorprendieron cada lunes, abriéndose al corazón de la noche. Y rosas, también, para recordarte que la flor más codiciada puede cobijar afiladas espinas, y quien quiera mostrar al mundo su belleza, habrá de hacerlo a riesgo de marcar con su sangre el camino.

No es diferente el ministerio, con frecuencia lo ejercemos bajo un radiante mediodía, pero hay frutos que maduran solo bajo la luz de la luna y plantas de enorme belleza que se dan en lugares sombríos. Por eso a veces anochece.

Te sugiero que memorices y vivas estos principios. No los subestimes por haber surgido del trémulo pulso de este viejo pastor. Recuerda que a veces un reloj roto es capaz de dar la hora exacta.

Una última y encarecida petición: cuidad de Raquel, es el tesoro más grande que Dios me ha concedido en la tierra.

Termino, ahora sí. Enumeraré primero los principios para luego, con calma y en detalle, examinarlos uno a uno:

Cuando quieras puedes comenzar a desgranar este ramo de rosas.

Principio número uno

Todo comienza amando a Dios. O amamos a Aquel a quien servimos o nuestro servicio se tornará en trabajo arduo y fastidioso. No trabajes para la iglesia de Dios, sirve con el Dios de la iglesia.

Principio número dos

Observa y preserva la salud de tu familia. Una de las credenciales más poderosas de tu ministerio es tu familia, comenzando por tu matrimonio.

Principio número tres

Dedica tiempo de calidad a la Biblia. Cualquier otro libro informa, la Biblia transforma. Todos los demás contienen datos; la Biblia contiene poder.

Principio número cuatro

O amas a quienes sirves o terminarás por dejar de servirles. Es imposible dedicar la vida a servir a aquellos a los que no amamos. Cuando se agota el amor, el placer de servir se convierte en obligación y la ilusión en decepción.

Principio número cinco

Eres valioso. No eres uno entre un millón, sino uno entre los seis billones de personas que pueblan el planeta tierra. Solo tú puedes ser tú.

Principio número seis

Sé capaz de perdonar. Es imposible avanzar bajo el peso del rencor. Y, a la vez, sé capaz de perdonarte. Cuando te equivoques, recuerda que fracaso no es fallar; fracaso es no intentarlo otra vez.

Principio número siete

Pisa la tierra firme. Después de tus mayores triunfos recuerda que tus pies siguen siendo de barro. Sobreponte a los fracasos, pero no dejes que tus triunfos te venzan.

Principio número ocho

Ora. Convierte a la oración en un hábito. Minutos con Dios hacen rentable el día. Horas con Él vuelven triunfante la vida.

Principio número nueve

Ríe cuanto puedas y hazlo diariamente. La risa tiene propiedades curativas y es un don del cielo. Camina, corre, juega y ríe.

Principio número diez

Grandeza es saber mantener la humildad. Dios no busca estrellas fulgurantes, prefiere vasos de barro para administrar su tesoro.

Principio número once

Responde con fidelidad a quien te ha elegido. La fidelidad se demuestra permaneciendo donde Dios nos puso, aunque nuestra parcela esté radicada en la ladera más dura del monte.

Principio número doce

Aprende el inmenso valor de las pruebas y de las dificultades. Los cielos más hermosos siempre corresponden a los lugares más oscuros, y los momentos más difíciles son puertas a las mejores oportunidades.

Principio número trece

¿Cambios en la noche? ¡Nunca! Aguarda a que amanezca. No hagas mudanzas en tiempos de tempestad (Agustín de Hipona).

Principio número catorce

Integridad: Un valor cotizadísimo en cielo y tierra. Antes que lo que haces está quien eres y cómo eres. Antes que tu función está tu vida.

Principio número quince

Aprende a crear equipo. Jesús trabajó entre los pocos para enviarles a los muchos. La clave de la efectividad no consiste en hacer uno mismo el trabajo, sino en reconocer a la persona apropiada para hacerlo.

Dentro del cofre quedan quince pergaminos. Cada uno de ellos explica y analiza uno de los principios.

Con creciente curiosidad que aviva su nerviosismo, María toma el segundo pergamino y me lo entrega desplegado. Es entonces cuando observo sobre el siguiente la estilográfica de mi viejo pastor.

La misma que usó durante toda su vida; la que escribió sus poderosos sermones y con la que redactó este impresionante memorando.

Ha querido pasármela y veo en ese gesto la entrega del testigo en esta carrera de relevos. Quedan aún líneas por redactar y ahora la pluma está en mi mano.

—¡Leamos los pergaminos! —me dice María, llena de emoción.

Juntos leemos el primero, y luego otro, y otro... hasta vaciar el arcón.

Es mi segunda lectura, pero sigo conmoviéndome ante tal caudal de sabiduría.

Junto a la última palabra se aprecia una mancha; como una lágrima de tinta que la estilográfica hubiera derramado al percibir el latido final de mi viejo pastor.

Con los pergaminos aún desplegados me arrodillo y María lo hace a mi lado. Tomo la vieja estilográfica y, bajo la mancha de tinta, con un pulso tan trémulo como el que redactó este poderoso memorando, escribo:

Espero ser fiel sucesor de mi viejo pastor...

Espero poner en práctica cada uno de estos principios...

Espero encajar con dignidad los golpes y levantar en alto la cruz...

Espero... espero nunca más perder la esperanza.

EPÍLOGO

Es mientras recogemos los pergaminos y nos disponemos a guardarlos en el cofre de madera, cuando María lo ha apreciado:

—¡Mira! —me dice, extrayendo un diminuto papel que había quedado en el fondo del cofre—. Tiene algo escrito.

Ella misma lo lee:

«Cuando la vida se torne dura y la oscuridad se cierna en torno a vosotros; cuando la pendiente se os antoje pronunciada y el peso llegue a ser extenuante, volved a los principios. Los finales son cruciales, pero también lo son los principios...»

—¡Qué extraño! —replica María—. ¿No te parece excesiva la insistencia?

Hay algo extraño en esa frase; pero no me veo con fuerzas para desvelarlo ahora. Son demasiadas emociones para un solo día. Lo mejor es que descansemos. Mañana lo veremos todo más claro.

Dormimos profundamente. La vorágine de emociones nos dejó agotados y el sueño resultó reparador. Pero solo hasta las seis de la mañana en que he abierto los ojos y de golpe he sentido el estremecimiento medroso que ya me resulta familiar.

Es una mezcla de ilusión ante el futuro y miedo al porvenir; expectativa frente a la nueva etapa y temor por la orfandad que representa la partida de mi viejo pastor.

Con los brazos bajo mi cabeza permanezco tumbado mirando al techo... a la oscuridad que cubre el techo.

No pasan ni tres minutos cuando ella despierta... María abre los ojos de repente y se incorpora sobresaltada.

—¡Los principios! —grita, dándome un susto de muerte.

—¿Qué te ocurre?

Su reacción me preocupa. Nunca ha hecho algo parecido; al contrario, su despertar siempre fue lento... casi eterno; precisando de «tiempo suficiente» para abrir del todo los ojos. Pero ahora está sentada en la cama, hablando de forma atropellada.

—¡Los principios son importantes! —repite—. ¡Claro que son importantes!

Su tono de voz y el gesto que mantiene en su rostro hacen que mi preocupación se torne en miedo

—¿Estás bien? —le pregunto—. ¿Qué te pasa?

—¡Los pergaminos! —me dice— ¡Por favor, pásamelos! Trae también un bolígrafo y papel.

Enseguida estamos sentados sobre el colchón. Ella toma los pergaminos y va pronunciando los enunciados, solo los títulos, uno a uno, pidiéndome que los escriba.

Yo obedezco registrando cada frase con la vieja estilográfica.

Cuando concluye, me explica.

—Les he visto —sigue profundamente emocionada y las palabras surgen a borbotones—. Les vi claramente, y también sus manos señalando los principios...

—¡Espera!

Mi temor sube de grado y pongo mis manos sobre sus hombros sacudiéndola levemente.

—¡Tranquilízate, por favor! ¿A quién viste?

—A Raquel y al viejo pastor. Ambos me miraban y sus rostros irradiaban una luz deslumbrante. Luego inclinaron sus cabezas y con las manos unieron letras hasta formar una frase.

—¿Qué frase formaron?

La intriga me hace ahora a mí hablar aceleradamente. Pese a la brevedad de mi pregunta he agotado mi reserva de aire al formularla. No obstante lo repito:

—¡Dime!, ¿qué frase formaron?

—La misma que verás si tomas «los principios de los principios».

La miro sin conseguir entenderla. ¿Habrá sido tanta la presión sufrida que ha afectado a la coherencia de mi esposa?

Parece leer mis pensamientos, o tal vez ve gracioso mi gesto de estupor, porque se echa a reír mientras toma la hoja en la que yo escribí los enunciados y subraya algunas letras.

La gira luego hacia mí.

Solo entonces empiezo a comprender.

Vuelvo a leer los quince enunciados y me fijo en *los principios de los principios*.

Entonces sí. Uniendo las letras subrayadas veo una frase que tiene sentido. ¡Un tremendo sentido!

T odo comienza amando a Dios

O bserva y preserva la salud de tu familia

D edica tiempo de calidad a la Biblia

O amas a quienes sirves o terminarás por dejar de servirles

E res valioso

S é capaz de perdonar y también de perdonarte

P isa la tierra siempre. Aun después de tus mayores triunfos
recuerda que tus pies siguen siendo de barro

O ra. Habla con Dios y deja que Él te hable. Haz de esto un
hábito

R íe cuando puedas; hazlo todos los días

G randeza es saber mantener la humildad

R esponde *con* fidelidad *a aquel que te ha elegido*

A prende el inmenso valor de las pruebas y las dificultades

C ambios en la noche, ¡nunca! Aguarda a que amanezca

I ntegridad: un valor cotizadísimo en cielo y tierra

A prende a crear equipo

María toma el pequeño papel que apareció en el fondo del cofre, y vuelve a leerlo:

«Cuando la vida se torne dura y la oscuridad se cierna en torno a vosotros; cuando la pendiente se os antoje pronunciada y el peso llegue a ser extenuante. Fijaos, entonces, en los principios. Los finales son cruciales, pero también lo son los principios...»

Mi voz, ahora sí, responde como una réplica, recitando la frase que he compuesto:

—*TODO ES POR GRACIA.*

Miro a María y vuelvo a repetirlo. Cierro luego los ojos y lo recito de nuevo. Medito en el temor con el que esa madrugada desperté. El sentimiento de orfandad que me embargaba y la expectativa impregnada de temores que me hacía estremecer... y lo repito:

TODO ES POR GRACIA.

Tomo entonces la mano de María y ambos nos dejamos caer sobre el colchón con la mirada fija en el techo.

Ya no está oscuro... amaneció por fin.

Dentro de nosotros también... Las sombras se han retirado espantadas por la radiante luz de la verdad: casi nada depende de mí, porque todo depende de Él.

Un momento después, María se sienta de nuevo en la cama; con sus brazos se envuelve las rodillas y observa los pergaminos.

—¿Qué piensas hacer con esto? —me pregunta.

—Vivir los principios que contienen.

—¿Nada más?

—Y nada menos.

Sonrío intrigado.

—¿Qué más quieres que haga?

Me observa, reflexiva. Vuelve el rostro a los pergaminos y de nuevo me mira.

—Contienen demasiada sabiduría; es demasiada riqueza como para tenerla encerrada en ese arcón.

Sé que en su mente hay un plan, pero no me apetece jugar a las adivinanzas.

—¿Qué más crees que debo hacer?

Se deja caer a mi lado y se gira hacia mí, envolviendo mi cintura con su brazo y sin dejar de mirarme.

—El episodio de tu vida que acabas de cerrar bien podría llamarse «Lunes con mi viejo pastor».

Su sonrisa franca y sincera es la misma con la que me conquistó la primera vez que la vi.

—¿No te parece que es tiempo de empezar una etapa en la que transfieras la riqueza que has recibido?

La miro, pensativo. Vuelvo mi rostro al techo sin dejar de meditar, y entonces, me siento de golpe en la cama.

Es María quien ahora me mira sobresaltada.

—¡Lunes con mis jóvenes discípulos!

No lo digo, lo proclamo.

—Suena bien.

Asiente con la cabeza y repite:

—De «Lunes con mi viejo pastor» a «Lunes con mis jóvenes discípulos». Es una sabia transición. Será una etapa emocionante.

Uno a uno introduzco los pergaminos en el cofre y luego lo cierro. Al sostenerlo en mi mano siento que quema. No cabe duda, es tiempo de transferir principios y sabiduría.

—Sí —le digo a María—. Será una etapa emocionante...

—No será sencillo —me advierte—, pero cuando la pendiente se nos antoje pronunciada y el peso llegue a ser extenuante...

—Entonces recordaremos... —la interrumpo.

Unimos nuestras voces y ambos declaramos:

¡TODO ES POR SU GRACIA,
QUE NOS SOSTENDRÁ SIEMPRE!

PARA CONCLUIR...

Inicié este libro cuando por un resquicio de mi mente se filtraba el pensamiento de: *Tal vez debería dedicarme a otra cosa...* Lo cierro ahora con la firme decisión de dedicarme a una cosa: *mantener la cruz en alto, y proseguir, con toda la dignidad posible, la sublime obra que me ha sido encomendada.*

Mis pensamientos se van ordenando y asumo la realidad de que Dios me ha dado *una* luz y *un* espacio donde desplegarla. *Un* caballo para galopar y *un* destino hacia el que dirigirlo.

En los cielos nocturnos no solo hay planetas, soles y refulgentes lunas, también hay estrellas, incluso de las llamadas enanas... incluso diminutos puntos que, sin ninguna pretensión, regalan su fulgor a la negrura extrema del espacio.

He concluido que la victoria —y sobre todo la alegría— no radican en ser un astro fulgurante sino en ser quien Dios designó que sea y desplegar mi dosis de luz en la parcela que me fue asignada.

Los bosques estarían muy silenciosos si solo cantasen los pájaros que mejor saben hacerlo, pero la sinfonía de un bosque, la belleza de esa sinfonía, se sostienen en la multiplicidad de los cantos, donde se conjugan excelsas notas con sonidos casi incómodos, pero que, mezclados, suponen una terapia sanadora para el alma agobiada.

En la noche uno se hace mil preguntas. ¡Cómo son las noches del alma!

Pero al fin amanece y el sol devuelve a cada cosa su dimensión justa. Entonces descubrimos que las grotescas sombras que en la noche se asemejaban a brazos de esqueletos, no eran sino ramas cargadas de fruto, y aquel vacío negro que en la oscuridad nos parecía un abismo, era un pozo de agua cristalina dispuesto a refrescarnos.

Khalil Gibran, el poeta libanés, dio en la diana cuando dijo que *en el corazón de todos los inviernos vive una primavera palpitante, y detrás de cada noche, viene una aurora sonriente.*

Tal vez has salido de un desierto, o quizás te aproximes a uno... o puede, incluso, que en este preciso instante tus pies estén enterrados en la ardiente arena de una duna.

Sea como fuere, busca la cruz.

Hay una en cada desierto y a su sombra nace el oasis más refrescante que puedas imaginar.

Beberás hasta saciarte, y recostado en el mullido madero mirarás de frente a la vida y concluirás que vale la pena seguir, porque...

TODO ES POR GRACIA.

NOTAS

Segundo lunes

1. José Carlos Bermejo, *Regálame la salud de un cuento* (Santander, España: Sal Terrae, 2004), p. 74.

Tercer lunes

1. A. Cruz Beauregard, *Cápsulas motivacionales* (México: Diana, 1988).
2. Cuento de Shel Silverstein, *The Giving Tree* (Nueva York: Harper & Row, 1964), traducción al español tomada de Bermejo, *Regálame la salud de un cuento*.
3. Ibíd.

Cuarto lunes

1. Bermejo, *Regálame la salud de un cuento*.

Quinto lunes

1. La cita se atribuye a Rabindranath Tagore, a Khalil Gibram y a Lao-Tsé, http://forum.wordreference.com/showthread. php?t=1829209.

Sexto lunes

1. Jorge Bucay, *Déjame que te cuente: Los cuentos que me enseñaron a vivir* (Barcelona: RBA Bolsillo, 2005).
2. Bermejo, *Regálame la salud de un cuento*.

Noveno lunes

1. Bermejo, *Regálame la salud de un cuento*, p. 69.

Décimo lunes

1. Combinación de citas que se atribuyen a Pearl S. Buck y a Robert Louis Stevenson, http://www.sabersinfin.com/frases/3929-felicidad-frases-frases-celebres-pensamientos-reflexiones-citas-y-definicion.html?showall=1.
2. James C. Hunter, *La paradoja* (Barcelona: Urano, 1999).

Undécimo lunes

1. Bermejo, *Regálame la salud de un cuento*, p. 26.

Duodécimo lunes

1. El testimonio que aquí relata el viejo pastor está inspirado en una vivencia real del doctor Jesse Miranda, que narra en su libro *Liderazgo de amistad* (Miami: Vida, 1998).

ACERCA DEL AUTOR

José Luis Navajo cursó estudios en el Seminario Evangélico Español, la Asociación de Formación Teológica Evangélica y la Escuela Bíblica Salem. Actualmente forma parte del equipo pastoral de la Iglesia Evangélica Salem, en Madrid, España. El ministerio pastoral es su llamamiento y visión; su otra gran vocación es la literatura, siendo autor de varios libros. Imparte conferencias, participa como comentarista en diversos programas radiofónicos y es columnista. Con su esposa, Gene, tiene dos hijas, Querit y Miriam.

Mis reflexiones...

Mis reflexiones...

Mis reflexiones...

Mis reflexiones...

Mis reflexiones...

Mis reflexiones...

Mis reflexiones...

Mis reflexiones...

Mis reflexiones...

Mis reflexiones...

Mis reflexiones...